NÃO FOI GOLPE

OS BASTIDORES
DA LUTA NAS RUAS
PELO IMPEACHMENT
DE DILMA

Carla Zambelli

NÃO FOI GOLPE

OS BASTIDORES
DA LUTA NAS RUAS
PELO IMPEACHMENT
DE DILMA

Prefácio de *Ives Gandra da Silva Martins*

Ensaios de apresentação por *Joice Hasselmann,
Geraldo Rufino, Janaina Conceição Paschoal
& Luiz Calado*

LVM
EDITORA

São Paulo | 2018

Impresso no Brasil, 2018

Copyright © 2018 by Carla Zambelli

Os direitos desta edição pertencem à
LVM Editora
Rua Leopoldo Couto de Magalhães Júnior, 1098, Cj. 46
04.542-001. São Paulo, SP, Brasil
Telefax: 55 (11) 3704-3782
contato@lvmeditora.com.br · www.lvmeditora.com.br

Editor Responsável | Alex Catharino
Assistente de edição | Márcio Scansani / Armada
Preparação dos originais | Alex Catharino
Revisão ortográfica e gramatical | Moacyr Francisco / Armada
Revisão final | Márcio Scansani / Armada
Capa | Mariangela Ghizellini / LVM
Foto da Capa | Daniel Teixeira / Estadão Conteúdo
Projeto gráfico | Rogério Salgado / Spress
Diagramação e editoração | Spress
Produção editorial | Alex Catharino
Pré-impressão e impressão | Evangraf

Dados Internacionais de Catalogação na Publicação (CIP)
Angélica Ilacqua CRB-8/7057

Z27n	Zambelli, Carla
	   Não foi golpe: os bastidores da luta nas ruas pelo impeachment de Dilma/Carla Zambelli; prefácio de Ives Gandra da Silva Martins; ensaio s de apresentação por: Joice Hasselmann...[et al]. — Rio de Janeiro: LVM Editora, 2018.
	   280 p.: il.
	
	   ISBN: 978-85-93751-36-3
	
	   1. Brasil - Política e Governo - História 2. Presidentes - Brasil - Impedimentos 3. Rousseff, Dilma, 1947- Impedimentos 4. Corrupção Política - Brasil 5. Movimentos de protesto - Brasil 6. Partido dos trabalhadores (Brasil) I. Título II. Martins, Ives Gandra da Silva III. Hasselmann, Joice

18-1275	CDD 320.981

Índices para catálogo sistemático:
1. Brasil - Política e Governo 320.981

Reservados todos os direitos desta obra.
Proibida toda e qualquer reprodução integral desta edição por qualquer meio ou forma, seja eletrônica ou mecânica, fotocópia, gravação ou qualquer outro meio de reprodução sem permissão expressa do editor.
A reprodução parcial é permitida, desde que citada a fonte.

Esta editora empenhou-se em contatar os responsáveis pelos direitos autorais de todas as imagens e de outros materiais utilizados neste livro.
Se porventura for constatada a omissão involuntária na identificação de algum deles, dispomo-nos a efetuar, futuramente, os possíveis acertos.

Para meu filho João Hélio Salgado Neto, para minha mãe querida Rita Zambelli, e para meu pai João Hélio Salgado

SUMÁRIO

Agradecimentos.. 11

PREFÁCIO
Uma autêntica brasileira, que honra o exercício da cidadania
Ives Gandra da Silva Martins............................. 15

NÃO FOI GOLPE
Os bastidores da luta nas ruas
pelo *impeachment* de Dilma

INTRODUÇÃO DA AUTORA
NasRuas Pelo Brasil....................................... 21

PARTE I
UMA CIDADÃ COMUM QUE TEVE SUA VIDA TRANSFORMADA

APRESENTAÇÃO À PARTE I
Uma mulher guerreira
Joice Hasselmann 29

CAPÍTULO 1
A morte bate à porta 32

CAPÍTULO 2
Carla Zambelli por Carla Zambelli. 39

PARTE II
CONTEXTUALIZANDO O PASSADO

APRESENTAÇÃO À PARTE II
Continue sonhando
Geraldo Rufino 47

CAPÍTULO 3
O início em 2011 49

CAPÍTULO 4
Já não havia volta 56

CAPÍTULO 5
O ano de 2012 65

CAPÍTULO 6
2013, O despertar do Brasil 75

CAPÍTULO 7
A fraude nas eleições de 2014 84

CAPÍTULO 8
A Guerra é declarada contra o PT em 2015 87

CAPÍTULO 9
O flerte do PT com a ditadura de Nicolás Maduro 96

CAPÍTULO 10
De volta ao Brasil... 99

PARTE III
A ERA DO *IMPEACHMENT*

APRESENTAÇÃO À PARTE III
Uma ativista contra a corrupção
Janaina Conceição Paschoal................................. 109

CAPÍTULO 11
O *impeachment* começa a ganhar força 113

CAPÍTULO 12
Dilmentira, rejeição de contas e mais *impeachment* 120

CAPÍTULO 13
Eduardo Cunha abre processo de *impeachment* 137

CAPÍTULO 14
2016 começa a todo vapor................................... 141

CAPÍTULO 15
O 13 de março no Brasil 146

CAPÍTULO 16
Lula ministro? Só por um tempinho.......................... 152

CAPÍTULO 17
A batalha pelo *impeachment* continua 156

CAPÍTULO 18
O dia da 1ª votação do *impeachment* 171

CAPÍTULO 19
O *impeachment* segue para o Senado 179

CAPÍTULO 20
Em meio ao turbilhão....................................... 189

CAPÍTULO 21
STF e seus desmandos 191

CAPÍTULO 22
De volta ao *impeachment* no Senado 193

CAPÍTULO 23
Denúncia de Janot e Lewandowski, manifestações e Olimpíada 200

CAPÍTULO 24
Impeachment: O julgamento final 209

CAPÍTULO 25
O verdadeiro golpe e as esperanças em um novo Brasil 232

PARTE IV
A ERA DO PÓS-*IMPEACHMENT*

APRESENTAÇÃO À PARTE IV
Macroeconomia e microeconomia no pós-*impeachment*
Luiz Calado. 239

CAPÍTULO 26
As primeiras impressões sem Dilma em Brasília. 243

CAPÍTULO 27
A luta contra o Foro de SP. 246

CAPÍTULO 28
A guerra contra os inimigos do Brasil continua 250

CAPÍTULO 29
Vira o ano já com novas 256

CAPÍTULO 30
Não saímos das ruas 263

CAPÍTULO 31
Moro e Lula cara a cara 266

CAPÍTULO 32
Presa por um deputado petista. 268

AGRADECIMENTOS

A Deus, em primeiro lugar e sobre todas as coisas. Foi Ele que me manteve em pé, foi Ele quem proveu quando mais precisei. Foi Ele que me apoiou e aos que estavam a minha volta.

Aos meus pais; sem eles eu não acreditaria em Deus, não teria forças, nem os valores necessários para fazer tudo o que vocês vão ler nestas páginas. Minha mãe, Rita Zambelli, por seu carinho, atenção e sua fé em mim; ela é puro amor e sem ela eu não teria como educar um filho em meio a tudo isso. Meu pai, João Hélio, que emprestou seu nome ao meu filho, é o melhor e mais honesto homem que já conheci, e se um dia eu for um décimo do que ele é para mim, serei grata. E para João Neto, que é o motivo de tudo, em primeiro lugar. Por isso costumo dizer que não é a raiva do mal que me move, mas o amor pelo bem. João me faz amar cada dia mais e melhor.

Aos irmãos, cunhada, sobrinhos e especialmente aos meus afilhados, Gabriel Zambelli e Rafael Salgado. Agradeço a todos por existirem e encherem minha vida de amor.

Aos mentores, Dr. Ives Gandra Martins, que me ensinou que a direita é de Deus; a quem considero como um pai, me provou que a busca pelo bem não só é possível, mas uma benção. Renato Hirata, que despertou o que há de grandioso em mim e que existe em todos nós, mas ele achou a ponta do novelo e me entregou. Ao Dircêo Torrecillas, que fazia as vezes do Dr. Ives por ser seu carinhoso amigo, sempre pronto a ajudar. Ao Roberto Lacerda, sempre buscando meu melhor e, mesmo sendo duro, tão sábio. Dr. Adilson Dallari, que tanto me ensinou e tem em seu coração o amor dos homens de bem. Dra. Janaina Paschoal, a mulher mais inteligente e justa que já conheci. À Joice Hasselmann, pelo texto tão carinhoso e por sua garra em prol do Brasil. Carlos Eduardo Assmann, o gestor que me organizou quando eu mais precisei, me colocou no prumo e mostrou uma luz. Stephen Kanitz, uma fortaleza de homem, uma mente brilhante, com um coração do tamanho do mundo. Jorge, que acreditou e investiu seu tempo e recursos em alguém que sequer havia provado ser boa o suficiente; ele é um *believer*. Ao Dom Bertrand de Orléans e Bragança pela orientação política, de Estado e de princípios tão valiosos da Família Real, que muito honram com o carinho com que fui acolhida. Muito obrigada ao Dr. Geraldo Lima Filho, que me defendeu de forma *pro bono*, ganhando todas as ações contra mim até hoje.. Aos editores que me receberam, à equipe da LVM Editora e em especial a Helio Beltrão e Alex Catharino, que tanto me ensinaram e me deram a oportunidade de publicar esta obra e à toda a equipe que participou de sua execução e revisão, tornando este sonho possível.

    Houve vários outros mentores, muitos deles anônimos, e eu seria injusta se tentasse citar todos, pois houve até aqueles da esquerda, que nos alertaram sobre o que não devíamos fazer; houve ainda aqueles que fizeram o mal e se arrependeram, mas todos, sem exceção, foram importantes para o NasRuas e para mim.

    Aos amigos todos, que me fazem uma pessoa melhor, mas que acima disso, me aceitam com meus defeitos e toleraram minhas ausências quando eu deveria estar presente, lhes apoiando. Como exemplo, citarei aqui Priscilla Lopes, a amiga mais antiga, sempre lembrada por sua sabedoria.

    Aos voluntários do NasRuas em todos esses anos, começando pelo primeiro, Marcel Santos, que me ajudou a fundar o movimento, passando por centenas de nomes, que se eu tentar citar, serei injusta com alguns deles. Vi cada um crescer ou desistir. Muitos se tornaram pessoas incríveis e conhecidas, muitos ficaram fora dos holofotes e tiveram a hombridade de servir ao país sem receber o carinho das ruas. E grande parte desistiu do NasRuas depois de um tempo, por diversos motivos; alguns por atingirem objetivos que vieram cumprir, como o *impeachment*, outros porque decidiram montar seus próprios movimentos; alguns por não se identificarem com alguma ação mais enérgica do NasRuas, como no episódio dos bonecos dos ministros de STF, mas a melhor parte é que a maioria dos que saíram do NasRuas não foi abandonada pelo espírito de cidadania; levaram um pouco de nós e deixaram também um pouco deles conosco.

Aos que ajudaram financeiramente, depois que perdi meu trabalho, em 2015. Cheguei a receber doações de R$ 3,65, depositados diretamente no caixa do banco e isso não tem preço, mas um grande valor. Houve só uma grande doação, de um médico, quando eu já tinha perdido tudo e ele quitou metade da minha dívida. A ele meu agradecimento especial. Ganhamos muitos materiais, bandeiras, faixas, camisetas para vendermos e arrecadarmos recursos; ganhamos a confecção de bonecos... rs... Mas para agradecer a cada um desses colaboradores usarei os nomes de Tomé Abduch, Jorge Feffer, Teresa Zein, Vivian Saraidan e Shirley Sorvillo, que foram pessoas que, se não tivessem aparecido, eu teria desistido de tudo, em momentos os quais o NasRuas não tinha sucessores e hoje você não estaria lendo este livro.

Agradeço também ao Leonardo Sales, que me ajudou na montagem deste livro, já que estava tudo embaralhado e difuso na minha lembrança. Montar estes quebra-cabeças, não foi fácil.

Obrigada aos inimigos até... pois se houve algo de bom que vocês fizeram foi mostrar sua podridão e motivar o surgimento deste sentimento tão puro de amor e de fé em cada um de nós que derrotará cada um de vocês.

Meu carinho especial ao Alex Toledo que me acompanhou na jornada de escrever este livro, me inspirando, sempre pronto a abrir mão de diversos momentos para que hoje vocês possam ler esta história. Muito dele está aqui, porque seus valores, sua inteligência e seu amor se impregnaram em mim e me fizeram um ser humano melhor.

Por fim, meu muito obrigada a você, que ainda hei de conhecer, mas que já nutre um carinho, uma confiança por nosso trabalho. Que Deus abençoe a cada um de nós.

PREFÁCIO

UMA AUTÊNTICA BRASILEIRA, QUE HONRA O EXERCÍCIO DA CIDADANIA

Ives Gandra da Silva Martins

Conheci Carla Zambelli em uma entrevista no meu escritório. Era para sua rede social. Para seu movimento. Impressionou-me, à época, vivamente, seu idealismo e sua luta por um país melhor. Objetiva, nas questões, e clara na sua forma de ver os problemas brasileiros, senti também sua vontade imensa de batalhar por seus ideais, na busca de corrigir os deletérios costumes do país.

Nossa amizade surgiu daquela entrevista, tendo comentado sobre ela com minha esposa e colega Ruth – estamos casados há 60 anos – que veio a conhecê-la mais tarde e a dela se tornar amiga.

Liderou o Movimento "NasRuas", nas fantásticas manifestações de revolta popular contra o assalto às contas públicas, em 2015 e 2016, perpetradas pelos detentores do poder, nos últimos 13 anos, algo que fora desventrado com o denominado "mensalão" e consideravelmente alargado com o "petrolão", principalmente após a operação Lava Jato.

O movimento por ela liderado, de rigor, surgiu em 2011. Ressalta-se sua liderança inequívoca em 2013, durante as manifestações da Copa das Confederações.

Nas manifestações de 2015 e 2016, que levaram ao *impeachment* da presidente Dilma, o tema constante de sua pregação foi que o Brasil estaria sendo assaltado por um grupo de pessoas de confiança dos presidentes Lula e Dilma, colocado nas estatais e nos principais ministérios do governo.

O tempo demonstrou que a percepção de seus companheiros de luta não era desavisada, visto que os três mais importantes membros do primeiro governo petista (presidente, ministro da Fazenda e chefe da Casa Civil) estão encarcerados, no momento em que escrevo este prefácio, cumprindo pena por lavagem de dinheiro, corrupção e outros crimes denominados de colarinho branco.

Nada obstante, eu entender, pela leitura da Constituição (art. 5º inciso LVII), que apenas após o trânsito em julgado possa haver encarceramento, assim como – nada obstante o respeito que mantenho pelo Poder Judiciário e pelo Ministério Público – que o ativismo judicial tem trazido instabilidade ao país, com a banalização de prisões provisórias e privativas, não há como deixar de reconhecer que o país foi saqueado, nos 13 anos de governos anteriores, em dezenas de bilhões de reais, com fragilização da economia, alta inflação, juros elevadíssimos e queda permanente de PIB. Tais desajustes foram revertidos após o *impeachment*, muito embora sem percepção, ainda, por parte do povo, em face de uma campanha deletéria e corrosiva, que impede a consciência de que a aplicação da lei para punir o assalto às contas públicas em benefício pessoal, não é "golpe", mas amadurecimento de uma nação que busca seu lugar no cenário mundial, como país desenvolvido e sério.

Os fatos que foram descobertos nos porões do governo anterior estão a demonstrar que o Brasil viveu um triste período de apropriação do dinheiro público para fins privados ou eleitorais, à custa de corrupção e concussão, algo que Carla e seu movimento denunciaram, desde o início, de todas as formas, que, no exercício da cidadania, seria possível.

Tenho acompanhado a luta de Carla, desde aquela época, à evidência, adotando estilo de exercício da cidadania distinto, pois sempre ataquei ideias e não pessoas. Reconheço, todavia, que Carla age por inequívoco idealismo patriótico, no seu estilo contundente de denunciar o que lhe parece errado, à custa de não poucos dissabores.

Ultimamente, tenho recebido visitas constantes de Carla para discutir alguns temas de sua reflexão, tendo ela a paciência de assistir palestras minhas, em que discuto a conjuntura nacional.

É uma cidadã autêntica. Exerce a cidadania em sua plenitude.

O presente livro permite que se avalie a luta desta jovem idealista, que tem, inclusive – mercê sua coragem e inconformismo com a falta de patriotismo e oportunismo político de muitos que se enquistaram no poder, políticos e burocratas –, sofrido, como atrás mencionei, perseguições, ações judiciais e pressões para que recue, na denúncia contra a corrupção que enxovalhou as estruturas do Estado brasileiro.

São trabalhos escritos em períodos diversos, depoimentos vários, manifestações, algumas contundentes, que permitem avaliar o nível de sua luta.

Foi esta razão que me levou aceitar a elaborar este breve prefácio para o livro de uma autêntica brasileira, que honra o exercício da cidadania, como exemplo para todos aqueles que desejam transformar o Brasil numa grande nação.

NÃO FOI GOLPE

OS BASTIDORES
DA LUTA NAS RUAS
PELO IMPEACHMENT
DE DILMA

INTRODUÇÃO DA AUTORA
NASRUAS PELO BRASIL

"A melhor maneira de se evitar a fatalidade, é conhecer os fatos"
— Roberto Campos

Todos sabemos que o Brasil é o país da corrupção, há muitos anos. Qualquer brasileiro um pouco mais instruído sabe que quase metade de tudo o que produzimos, vai para o Estado, em forma de impostos, para nos dar serviços de péssima qualidade. Qualquer pessoa que tenha renda suficiente quer colocar seus filhos em colégios particulares, quer ter seu carro próprio para não se sujeitar ao transporte público, batalha para ter um plano de saúde e não ter de enfrentar o SUS. Mas não podemos nivelar os corruptos.

O PT chegou ao poder com o discurso de que seria tudo diferente. E foi! Qualquer pessoa que afirme que o roubo do Partido dos Trabalhadores foi como o roubo dos demais partidos está faltando com a verdade. E o PT está se utilizando há anos de uma retórica distorcida, que *todos os ladrões são iguais* (perante a lei?). Não, não são. Há pequenos desvios, médios e grandes como os dos mensalões tucano e do DEM, como o desvio das privatizações na era FHC. E há desvios estratosféricos, que até o fechamento deste livro, não saberemos ao certo sua dimensão; alguns analistas arriscam que pode ter chegado a trilhões de reais os desvios durante a era Lula-Dilma.

Nosso país era para ser uma enorme potência de primeiro mundo, não fosse o Estado pesar tanto sobre as costas dos trabalhadores, dos empregadores, das donas de casa, das nossas crianças e animais de estimação. Sim, todos, sem exceção, são afetados diretamente. Há um recente estudo americano que estima em mais de US$ 3,000.00 (três mil dólares mesmo) a renda *per capita* não fossem os desvios e o excesso de incompetência para cuidar do Estado.

Uma amiga, Eliana Di Pieri, costuma dizer que Hitler matou milhões de pessoas sem disparar um gatilho contra alguém. Lula, Cabral, Renan, Barbalho, FHC, Serra, Gleisi, Dilma, Lindberg, Genoíno, Dirceu (...): todos eles, centenas deles, foram responsáveis diretamente pelas mortes nas filas dos hospitais, pelas vítimas recentes da febre amarela, pelas crianças que nasceram ou desenvolveram hidrocefalia pela proliferação do zika vírus, pelo aumento da criminalidade que, por sua vez, advém da falta de educação, saneamento básico, empobrecimento da nossa cultura, aniquilação de nossos valores, do desarmamento da população de bem em contraste com o aumento do tráfico de armas e drogas, que também é consequência dos mesmos vícios políticos. Enfim, o sangue de milhões de pessoas está nas mãos de políticos como os que nos assistem.

Além de tudo isso, há o *roubo* do futuro, dos sonhos, da vontade de milhares de brasileiros em ter seu próprio negócio, o roubo da educação que geraria um futuro diferente para grande parte dos brasileiros, também. E pensar que Joice Hasselmann foi demitida da *Veja* por fazer um vídeo sobre este tema: Lula e Dilma roubaram o futuro de nosso Brasil. Fico feliz em saber que sua saída da *Veja* só lhe deu mais força para seguir adiante e ser maior ainda do que já era.

E, por sua vez, os assaltantes, assassinos, drogados etc não são "vítimas da sociedade" como querem pessoas como Maria do Rosário fazer você acreditar. Eles são fruto de uma geração de bandidos que transformou nosso país num projeto de Venezuela, onde reina hoje um governo ditatorial que contou com o auxílio de financiamento brasileiro, com obras da Odebrecht no Metrô de Caracas, por exemplo. Milhões de reais enviados para países aliados do PT visando implementar um projeto de poder inimaginável.

Mas tudo isso foi abalado. Ainda restam as fundações deste esquema podre permeando os poderes em várias instâncias. Mas ele começou a ruir com o *impeachment* de Dilma Rousseff, e por mais que alguns historiadores queiram faltar com a verdade, o afastamento da "presidenta" fechou a torneira do financiamento de ditaduras, dos cabides infinitos de empregos e dos desvios de milhões por via de contratos com empresas corruptas ou das estatais. Além disso, o *impeachment* deu mais visibilidade e apoio público a operações como a Lava Jato e descortinou o esquema político que rege o STF, que até hoje não puniu os nomes que o juiz Sérgio Moro enviou ao falecido (ou morto?) ministro Teori Zavaski, em 2014. Sim, há um problema no nosso sistema e não será isoladamente o *impeachment* de uma presidente que transformará o país, mas foi uma peça fundamental para que em alguns anos, alcancemos o tão sonhado país que queremos.

É preciso acabar com este esquema de aumento do poder de Estado, do populismo que escraviza o povo mais pobre, tornando-o dependentes deste "pai", que na verdade é um padrasto maldito, dando-lhe bolsas esmolas, sem a contrapartida de uma boa educação geradora de oportunidades para que as empresas pudessem lhes oferecer empregos, dando fim à necessidade de bolsas, em primeiro lugar.

Quando falei no *impeachment* pela primeira vez, me chamaram de louca. Meu chefe, sócio da 3ª maior consultoria do mundo disse que seria impossível, pois Dilma tinha acabado de se reeleger. Mas eu tenho um defeito grave: não me diga que não posso fazer algo... eu já estava neste meio há tempo suficiente para perceber que havia chegado a hora.

O Movimento NasRuas nasceu em julho de 2011 e, na verdade, você conhecerá nestas páginas uma história de amor. Mais do que um apanhado real e histórico dos *bastidores da política*, aqui você conhecerá o que há por trás do *impeachment* de Dilma Rousseff e o que há depois dele também. Este livro começou bastante singelo e despretensioso, mas será uma peça importante do quebra-cabeças da queda desta 3ª chefe de Estado do Brasil já que a 1ª mulher a chefiar nosso país foi a imperatriz Leopoldina e a 2ª foi a princesa Isabel, que nos trouxeram muito orgulho, mas são esquecidas, graças às modelagens que os republicanos, especialmente nos últimos anos o PT e o PSDB, fizeram em nossa história real.

Quando menos esperamos, o chamado a nós destinado bate à porta. É como se eu ouvisse a voz de Deus, ou como alguns dizem, uma Força Maior: "chegou a sua hora de fazer algo de transformador pelo Brasil". Mas eu? Quem era eu... uma gerente de projetos, mãe de João, que gostava de viajar, ganhava muito bem, trabalhava em projetos grandiosos, com um currículo capaz de me abrir portas dentro e fora do país, com passaporte italiano. No começo eu me sentia apequenada, mas encontrei forças que nem imaginava pelo caminho.

Nestes quase 7 anos de trajetória como ativista política percebi que os motivos que impulsionam as pessoas a se engajarem são diversos. Muitos por revolta, por perceberem que o país não lhes dá o que querem, alguns porque, erroneamente, acham que o Estado deve lhes fornecer tudo. Outros porque querem empreender e o Estado só lhes fornece burocracia, nada mais.

Alguns percebi que se trata de carência, é uma forma de conviver com pessoas que pensam como eles e ter amizades que não falem só de futebol, novelas, carnaval, mas de política. Conheci alguns que o fizeram para se promover na política ou para arrecadar dinheiro de alguma forma, muitos deles me enganaram por muito tempo, uns me levaram dinheiro e me roubaram um pouco da fé no ser humano e poucos destes me deram a oportunidade de conhecer a verdade sobre eles, rapidamente.

Mas Deus é sempre tão bom para quem crê, que para cada miserável destes que passaram pela minha vida, Ele me trouxe dezenas de pessoas boas, que só queriam se doar, fazer o bem para se sentirem melhores como seres humanos, mais realizados, para fazer pelo próximo o que gostariam que fizessem por eles.

A maioria dos que ficam mais tempo no ativismo é por vocação. Acredito que meninos como os do *Hipócritas* (Paulo Vitor Souza, Bismark Fugazza e Augusto Pires Pacheco), Fernando Holiday, Marcel van Hattem, Carmelo Neto, Arthur do Val, Nando Moura, Allan dos Santos ou mais experientes como Olavo de Carvalho, Flávio Morgenstern, Alex Catharino, Helio Beltrão, Júlio Casarin e outros tenham esta vocação. Que pode ser motivada por diversas razões. A minha é amor. Sinto uma vocação por amor ao ser humano e a Deus. É minha forma de servir a Ele. Uma sede por justiça que está acima de valores individuais. E em segundo lugar, para deixar um mundo melhor para os que amo, principalmente João, meu filho.

O Movimento NasRuas para mim não é um trabalho, nunca foi. Nasceu como um *hobby*, hoje é minha forma de viver, sabendo que estou fazendo o que é certo. É onde coloco minha energia, seja ela positiva ou negativa, porque, como me ensinou o sargento Barbosa, o bem nunca é puro. Sou uma pessoa boa, mas a revolta surge às vezes e muitas das ações que acabaram despontando o movimento e meu nome, nestes últimos anos, nasceram de uma faísca de raiva. E mesmo estes lampejos de negatividade, eu tentei usar para fazer o bem, por isso não tenho a falsa modéstia de tentar dissimular um orgulho que sinto *de ser quem me tornei*.

Mas existe um limiar para que o orgulho não se torne arrogância. Graças à minha fé em Deus, à formação que meus pais me deram e aos ensinamentos que Dr. Ives me indicou, eu não cruzei essa linha. Experimentei o poder e o que ele pode nos trazer. Mas o poder existe para servir e não para nos servirmos dele. Um servidor deveria, mais do que ninguém, saber disso antes de pensar em prestar um concurso. Um político, o mesmo. Desde que decidi largar minha profissão, após a cirurgia que vocês conhecerão no próximo capítulo, acredito fielmente que minha missão, meu propósito de vida é servir. Isso não significa fazer voto de pobreza, mas ser honesta. Isso não significa ser 100% amor, mas ofertar o que tenho de bom. Não conseguirei agradar a todos, mas farei ao próximo o que gostaria que fosse feito comigo. Não intento ser perfeita, porque seria incapaz, mas se erro, é tentando acertar. E o faço com a alma, esperando que, sim, as pessoas reconheçam porque sou humana, mas com a certeza de que Ele está vendo e sentindo, por isso durmo todos os dias com a consciência cristalina.

Muitos livros, filmes, artigos, vídeos etc, foram lançados sobre o tema que escolhemos falar neste livro, por movimentos como o Vem Pra Rua (VPR) e Movimento Brasil Livre (MBL), posteriores à criação do NasRuas. Devemos lembrar, também, o trabalho de movimentos que nasceram junto com o NasRuas e já não existem mais na prática, bem como outros que de vez em quando fazem ações, como o Movimento 31 de julho, do Rio de Janeiro.

Desde 3 de dezembro de 2011 tento unir oficialmente os movimentos todos, que pensam na redução do Estado, no combate à corrupção, mas me declaro oficialmente incapaz de tal missão. Mas não desisti de encontrar o que nos converge para realizarmos ações conjuntas.

Neste livro você conhecerá a trajetória deste movimento, que escolheu combater a impunidade e guerrear pela justiça e a verdade. Muitas provas, batalhas, pressões... Mas, sempre com a mão de Deus dando forças não só a mim, mas a todo este grupo, espalhado pelo Brasil – e mundo, para continuar.

Se você não gosta muito de política, pense neste livro como um romance. E ao longo das páginas, você vai perceber que este assunto também pode ser gostoso de ouvir, ler, debater e saiba que o povo que não conhece seu governo, seu Estado, suas regras, é usado por quem deveria ser nosso representante. Espero que estas linhas possam te convencer disso, mas se não for suficiente, dê só mais uma chance para o bichinho da boa política te "picar", porque é possível ser bom!

Convido-lhe a embarcar nesta aventura política e conhecer um pouco dos bastidores deste momento histórico de nosso país, através do NasRuas, que acabou se tornando um dos principais movimentos brasileiros na luta pela transparência, decência e ética. Venha junto com o NasRuas pelo Brasil!

PARTE I

UMA CIDADÃ COMUM QUE TEVE SUA VIDA TRANSFORMADA

APRESENTAÇÃO À PARTE I
UMA MULHER GUERREIRA

Joice Hasselmann

Eu conheci a Carla Zambelli no momento em que o *impeachment*, para a maioria das pessoas, parecia uma ideia que jamais se realizaria. Poucos acreditavam que era possível por fim ao projeto criminoso de poder do PT. Eu estava entre aqueles que tinham esperança, eu jamais perco esperança.

Uma bela tarde eu estava na TVeja, a TV de *Veja* – que eu criei, dirigi e era âncora à época – e chega Carla Zambelli, acompanhada do Dr. Hélio Bicudo e do Dr. Adilson Dallari para uma entrevista. Aquela moça me chamou a atenção, toda serelepe, toda sorridente, com os cabelos vermelhos, um sorriso bonito. No princípio, eu fiquei um pouco intrigada: o que será que a aquela moça queria? Será que de fato ela tinha consciência do que estava acontecendo? Será que de fato ela sabia da importância de um movimento para barrar um projeto que estava destruindo o nosso Brasil? Ela tinha assinado o pedido de *impeachment* com a Janaina Paschoal, eu conversei muito com ambas, por este motivo.

Então, juntos estavam a alegria, o sorriso fácil, o discurso forte e ao mesmo tempo feminino de Carla Zambelli, com a força da Janaina Paschoal e a serenidade e o conhecimento do Hélio Bicudo. Era um timaço.

Depois da entrevista, que durou quase uma hora, eu percebi quem era Carla Zambelli: uma mulher guerreira, uma mulher que abriu mão da sua vida, do seu trabalho, da segurança, da tranquilidade, de ter um chão firme debaixo dos pés, para lutar por uma nação, para lutar pelo Brasil.

A partir dali eu e Carla Zambelli, estreitamos cada vez mais a convivência e a amizade, em algo que se tornou quase que uma relação de sangue, quase uma relação umbilical. Hoje somos praticamente irmãs. E que bom que é poder escolher o seu irmão. Eu escolhi Carla Zambelli para ser a minha irmã.

Nos dias que se seguiram, nós entramos juntas na guerra por um Brasil decente, por um Brasil melhor e foram muitos eventos, muitas manifestações, que nós participamos juntas e organizamos juntas, fomos para a guerra juntas. Era um time de pessoas que realmente acreditavam que o Brasil podia ser melhor, que ainda havia esperança. Nós tínhamos fé, nós temos fé.

Nessa luta foram muitas e muitas ocasiões em que estivemos em cima de caminhões, pedindo o fim do projeto de poder do Partido dos Trabalhadores, pedindo o fim do governo de Dilma, pedindo Lula na cadeia.

Eu me lembro que muitas vezes eu iniciava uma manifestação em uma cidade e terminava em outra, fazia 3, 4 ou 5 cidades, mas nunca deixa de participar do que o NasRuas organizava, através da Carla.

Aliás, o NasRuas nasceu com a Carla Zambelli, hoje há uma simbiose de um movimento grande, respeitado e respeitável, e de uma figura extremamente forte que tem um sorrisinho de menina-moleca.

Carla Zambelli, além de grandes movimentos pelo Brasil, organizou também pequenos eventos e pequenas reuniões onde eu pude conhecer um pouquinho mais do coração dessa guerreira. Em um destes eventos, em Brasília, ela tinha recém descoberto que ela estava com um tumor na cabeça. Meu coração já estava conectado com o de Carla e quando eu soube daquilo, foi como se o chão estremecesse. Eu tive medo de perder a minha amiga, que parecia que tinha nascido comigo.

Naquela reunião eu chorei ao falar que ela estava se preparando para uma cirurgia, eu tive medo de perdê-la, eu tive medo que o Brasil a perdesse. Eu tive medo que a nossa luta fosse prejudicada com o risco que a ela estava correndo. Era um medo humano, porque era minha irmã que eu escolhi que estava indo para uma sala de cirurgia para abrir a cabeça, eu sabia que aquilo podia ter sequelas e consequências; e era um medo pelo Brasil, porque eu sei a importância da Carla para o país. Eu sei a importância da luta de Carla Zambelli. Graças a Deus, minha irmã ruiva escapou dessa. Está bem e de volta à luta. E quantas são as batalhas!

Carlota ou Cat, como eu a chamo, está aí arrumando confusão, levando voz de prisão de deputado, inflando bonecos para cima e para baixo, enfrentando os inimigos e, às vezes, até aqueles que deveriam ser nossos amigos. Carlota, como qualquer pessoa grande, como grandes guerreiros, grandes mulheres, grandes homens, não é uma unanimidade. Eu também não sou, e daí? Nós sabemos porque estamos aqui. Ela tem um propósito, eu tenho um propósito e eles se cruzam, os nossos propósitos estão na mesma trilha. Nosso propósito é ajudar o nosso Brasil, resgatá-lo, resgatar a nossa Nação. Fazer com que o nosso povo seja livre.

Eu hoje posso dizer que a Carla Zambelli é a pessoa que pode entrar e sair da minha casa quando quiser, pode contar comigo para o que der e vier, pode contar comigo na luta pelo Brasil e eu posso dizer que é uma das pessoas das quais eu mais tenho orgulho, porque sei o que ela passou em todas as áreas, emocional, saúde, financeira. Eu sei o que ela deixou para trás para entrar nessa guerra.

Eu sei que ela colocou a vida dela à disposição de um povo, no *nosso povo*. Carla Zambelli você mora no meu coração, você é minha irmãzinha e eu estarei com você sempre, guerreira, CAT. Vamos que vamos!

CAPÍTULO 1

A MORTE BATE À PORTA

"Navegar é preciso, viver não é preciso"
– Fernando Pessoa

"João, a Dilma já caiu? Que dia é hoje?". Foi essa pergunta que fiz ao anestesista, depois de acordar entubada naquele angustiante 19 de dezembro de 2015, após uma cirurgia de risco. A luta incessante pela moralização do Brasil, punição dos políticos corruptos e respeito ao povo, iniciada em 2011, tornou-se tão presente em minha vida que até nos momentos pessoais mais críticos eu não conseguia me desligar da política.

O mês de dezembro costuma ser de festividades entre as famílias e de união em torno das mesas para celebrar o Natal e o fim de mais um ano. Grandes refeições são preparadas, brincadeiras são feitas, presentes são dados uns aos outros... É uma época que simboliza a paz e o amor. Contudo, naquele ano, o Brasil não vivia um período de comemorações.

Por volta de dezembro de 2014 comecei a ficar cega do olho direito. Ninguém sabia o que de fato estava acontecendo. Falavam em degeneração da mácula, *stress* ou algum problema no nervo óptico. Na verdade, não era nada disso. O buraco era bem mais embaixo, e tinha um nome assustador: tumor cerebral.

Quando fui fazer a ressonância magnética para descobrir o que me atingia, todas as opções mais leves já tinham sido afastadas e só restavam dois diagnósticos possíveis: tumor ou esclerose múltipla, que é quando as lesões nos nervos causam distúrbios na comunicação entre o cérebro e o corpo, provocando perda da visão, fadiga e comprometendo a coordenação motora, é uma doença degenerativa e sem cura. Por conta disso, na sexta-feira em que descobri o tumor (14 de outubro de 2015), fiquei grata em saber que o que eu tinha não era esclerose, e, assim, fui para a cirurgia, com serenidade.

Com a descoberta do tumor, no dia 20 de outubro de 2015 precisei ser afastada da KPMG, onde trabalhava como gerente de projetos e a cirurgia tardou em ser aprovada, acontecendo somente dia 19 de dezembro de 2015.

A única certeza das nossas vidas é a morte. Porém, nem todos estão preparados para enfrentá-la e muitos têm pavor em saber que um dia ela baterá à porta. Viver é a coisa mais linda que se existe. Conhecer as pessoas, amar, aventurar-se, criar um filho, lutar por uma causa, por uma nação. Desde quando mergulhei na batalha pelo Brasil, praticamente tudo passou a ser dedicado a trabalhar por ele. E eu não queria parar por ali, havia muito a se fazer.

Mas entendi que nem sempre as coisas são como queremos. Desde o nascimento, o nosso destino pode até estar programado, mas temos o livre arbítrio. Podemos fazer de tudo, até conquistar o mundo, entretanto, quando a hora de encarar o pior chega, o caminho menos ardiloso a percorrer é aceitar que aquilo faz parte da vida e fazer o seu melhor para vencer. Assim eu fui para a cirurgia, consciente de que poderia morrer. No entanto, queria deixar um legado para a história do nosso país. Não havia mudado o rumo do Brasil, mas alguma coisa boa sabia haver feito.

Por isso, com a ajuda de um grande amigo, Jorge Feffer, fizemos ensaios e gravamos depoimentos para a criação de um documentário a respeito daqueles já mais de quatro anos de ativismo (2011, início do Nas-Ruas). O objetivo era, caso viesse a falecer, ficar em coma, ou com efeitos colaterais, deixar registrada a minha passagem e a do movimento por esta nação. Queria, assim, servir, de alguma maneira, de referência para meu filho, minha família e para os brasileiros de que não há coisa mais linda do que amar a sua terra e dar o seu melhor para melhorá-la.

Deixei tudo pronto para meu funeral, as músicas que eu gostaria que tocassem (*Sonata nº 14* e a *nº 5* de *Emperor*, ambas de Beethoven – que ouço agora enquanto escrevo – e *Nocturne Op. 9, nº 2* de Chopin), quem deveria ser convidado e duas pessoas que eu não admitia que entrassem, nem que fosse para me pedir perdão. Perdão se pede em vida, todos os dias, antes de dormir. Pois nunca se sabe se o outro estará ali na manhã seguinte para lhe perdoar. Deixei as senhas de tudo (*Facebook*, bancos, seguros, *e-mails*, *Twitter*, tudo), e finalmente, gravei vídeos para meus pais, meus irmãos (no qual eu lhes pedia que cuidassem de João Neto), outros vídeos para meu filho e um para o NasRuas, me despedindo e lhes pedindo que passassem a me representar.

Valéria Andrade se encarregaria de tudo, minha vida foi entregue a ela, não só pela confiança que lhe depositava, mas pela força que eu sei que ela teria caso fosse necessário. Caso eu ficasse em coma, uma procuração com plenos poderes para minha mãe. Foram 2 meses me preparando para entrar na mesa de cirurgia tranquila, caso eu me despedisse da vida. O único aperto que eu sentia era de pensar em João tão novo, órfão.

Mesmo em meio a esse turbilhão de problemas, eu permanecia ativa na política. Talvez outras pessoas decidissem fazer festas, estar perto de pessoas queridas, viajar pelo mundo ou saltar de paraquedas, mas eu não. A cirurgia estava marcada para 14 de dezembro, então antes disso, daria tempo de fazer muitas coisas, dentre elas, a ação que ficou conhecida como "Algemados Pelo *Impeachment*", foram 9 dias dentro do Salão Verde da Câmara de Deputados, pressionando Eduardo Cunha para acolher a peça de Janaina Paschoal. Os detalhes vocês terão nos próximos capítulos e, no dia 2 de dezembro, o então presidente da Câmara dos deputados, Eduardo Cunha, autorizou a abertura do processo de *impeachment* contra a ex-presidente Dilma Rousseff (PT).

Naquele mesmo dia, um pouco antes da notícia do acolhimento, Aroldo Cedraz fora reeleito presidente do TCU (Tribunal de Contas da União). Eu estava lá, acompanhando tudo. Enquanto gravava um vídeo para o NasRuas com a bandeira do Brasil sobre meu corpo e de costas para os ministros como forma de protesto, um segurança apareceu e pediu para que eu guardasse o nosso símbolo patriótico.

Sim, isso mesmo. Eu estava dentro de um dos principais órgãos públicos da União, que deveria ser transparente e representar a classe brasileira, mas, pelo contrário, o que tínhamos era um presidente que não respeitava o povo e que reduzira para seis o número de auditores que cuidavam da Operação Lava Jato, a mais importante até então no combate à corrupção, numa clara ação para dificultar o trabalho.

E o motivo encontrado para me calar foi porque eu mostrava a bandeira do nosso país. Fui repreendida por um segurança:

– Se a Sra. não tirar a bandeira, serei obrigado a usar a força.

– Pode usar, eu não saio – não recuei e, com firmeza, disse: – Se fosse uma bandeira da CUT (Central Única dos Trabalhadores) poderia? – Se quisessem, teriam que me tirar à força.

Infelizmente parece ser uma afronta ao TCU, STF e Congresso Nacional mostrar a bandeira do Brasil. Isso é algo que incomoda os poderosos, talvez porque sabem da força que têm aqueles que seguram com orgulho o símbolo da nação. Ulisses Guimarães disse certa vez que "político tem medo do povo na rua". É verdade. Mas não apenas disso: têm pavor também dos que têm dentro de si sangue verde, amarelo, azul e branco, dos que prezam pela dignidade da Pátria.

Em 21 de março de 2016 participei do programa "Todo Seu", da *TV Gazeta*, apresentado por Ronnie Von. Ele comentou sobre o assunto e me perguntou se eu não fiquei com medo de apanhar. Não tive medo, não tenho medo, mesmo depois das diversas ameaças de morte. Vejo que quando fazemos algo com o coração, convictos dos nossos ideais e de que estamos fazendo o certo, o amor pela causa torna-se maior e nos dá uma coragem sem limites.

Para marcar ainda mais a presença do NasRuas naquela eleição, quando estávamos saindo do Tribunal algo me incomodou. Não podia deixar o local em silêncio, de maneira nenhuma. A voz engasgada do povo teria que ser e foi ouvida. Ali, representando milhões de brasileiros de bem, que confiam na Lava Jato e esperam por um futuro melhor, minha obrigação era fazer ecoar o grito do povo. Já na porta, em alto e bom som falei: "Fora Cedraz! Viva a Lava Jato!" Aí não teve jeito, me pegaram e me tiraram à força de lá. Sem problema. Do Tribunal fui expulsa. Parei para editar os vídeos da expulsão e de repente vem a notícia de todo canto: Cunha havia acolhido o *impeachment*!

Fui a única ativista a conseguir entrar lá, com a ajuda de um querido amigo da segurança legislativa, mas não fiquei muito tempo. Fui expulsa pela Maria do Rosário, depois de gravar um vídeo com ela, lhe perguntando:

> Carla Zambelli: – E a Senhorita, está preocupada?
> Maria do Rosário: – Nós temos que conter um enfrentamento muito pesado, mas é uma chantagem o que está acontecendo e fica claro aos olhos do Brasil.
> Carla Zambelli: – Fica né? Fica claro que o PT roubou bastante e que agora vai cair.

Nunca me esquecerei da cara com que Maria do Rosário me olhou. Indignada! Parecia que ela realmente acreditava na inocência do partido dela. Até hoje considero que talvez o problema dela seja cognitivo e não de falta de honestidade.

Logo depois, Zileide entra ao vivo no Jornal Nacional, eu estava na liderança do DEM, conversando com alguns deputados, dentre eles acho que Sóstenes e Onyx, que me incentivaram, e no meio de toda aquela euforia, fiz minha bagunça ordeira: fiquei atrás da repórter, aparecendo atrás dela no salão verde, com a bandeira brasileira.

Pouco depois, Maria do Rosário me vê e não deu outra: fui retirada do Salão Verde.

Àquela época o que estava evidente mesmo era a roubalheira do PT e a destruição da esperança do povo por causa das mentiras e de toda a corrupção. Os brasileiros que ignoravam política iam diminuindo. Ninguém mais acreditava no discurso lindo do Partido dos Trabalhadores, de sua luta pela igualdade e combate ao que "era errado"; os poucos que ainda defendiam a roubalheira ou se beneficiavam dela ou eram mentecaptos. O que a bancada da esquerda pregava passou a ter um único público cativo: os seus próprios militantes. O restante, formado pela imensa maioria de brasileiros com coração verde e amarelo, já havia debandado dessa palestra de falcatruas há muito tempo.

Dávamos um passo gigante rumo à punição daqueles que destruíram o Brasil. Não podíamos deixar de celebrar. Mas, como? Juntamente com outros movimentos, o NasRuas marcou uma comemoração para o dia 13 de dezembro de 2015. Minha cirurgia estava marcada para o dia seguinte, e tudo foi filmado no que seria, na minha cabeça, a despedida da política e da minha jornada. Eu comemorava, mas sabia que podia ser minha última participação na história.

No dia seguinte, pronta para ir para o hospital, fui avisada pelo plano de saúde que a cirurgia fora adiada para o dia 19 e em pouco tempo, a data chegou. Fui internada dia 18 à noite e minha irmã, que tem uma linha esquerdista de pensamento político, chegou após o horário de visita, não nos falávamos decentemente há alguns meses, ela havia feito uma surpresa para mim, uma espécie de "arquivo confidencial" (que me bateu uma baita vontade de assistir novamente agora, escrevendo), com meus amigos, desejando força e fé para voltar bem. Ela chega no quarto com o nariz vermelho de choro e contando que quando a recepção lhe informou que ela não poderia me ver, pois havia acabado o horário de visita e no dia seguinte a cirurgia era antes do início das visitas, ela entrou em desespero. A recepcionista ficou tão assustada que a deixou entrar. Por certo, pensou: "vixe, vai que a irmã dessa aí morre e eu serei a culpada delas não se despedirem". Paula sempre foi um motivo de orgulho para mim, a aluna que tira sempre notas acima de 9, passou em direito na UFU com 16 anos, se formou com 21 na graduação e no mestrado com 23. Ela sempre foi prodígio, hoje ela é doutora, sempre pensando o oposto das minhas convicções, mas sangue é algo que não se refuta. Tirando a política, temos tudo muito parecido, o amor pelo próximo, o respeito aos pais, dedicação aos filhos... enfim, temos um caráter parecido, mas ela vê soluções de Estado exatamente opostas às minhas. Por isso, quando quero ter certeza de não fazer algo na política, vejo se ela apoia. Se sim, eu não.

Vendo-a com o nariz vermelho me dei conta que talvez as pessoas da família também estivessem com medo de que eu morresse e que não era, portanto, só algo da minha cabeça. E lembrei o quanto foram carinhosos comigo nas últimas semanas. Minha família sempre foi do tipo "Buscapé", mas muito unida quando precisamos uns dos outros.

Pensamos em fazer uma filmagem minha entrando na sala de cirurgia, para integrar o documentário. Contudo, estraguei o roteiro e não morri, então, nada de documentário (risos). Algo que achei engraçado, e gratificante, foi que, na sala de cirurgia, todos me conheciam. O querido médico Alexandros Theodoros, o anestesista (que era de direita e tinha o mesmo nome que meu filho, João) e os enfermeiros.

"Então é você quem está lutando pelo *impeachment*. Gostamos muito do seu trabalho", diziam eles. "Essa cirurgia não pode dar errado. Você tem que voltar bem, sã e salva, sem efeitos colaterais", afirmavam. Aquilo me trouxe um sentimento de esperança tão grande, que me fez ter mais vontade ainda de sair viva daquele lugar e prosseguir na caminhada.

Após a cirurgia, quando acordei, estava entubada e com dificuldade de respirar. A sensação é de desespero, passando imediatamente após a retirada do aparelho. Rapidamente quis saber sobre as novidades da política. Como não fazia ideia do dia que estava, porque todo esse processo te faz perder a noção do tempo, precisava saber se havia alguma novidade. Perguntei ao anestesista que dia era aquele. "Hoje é 19 de dezembro", respondeu. Bom, então significava que eu não havia ficado em coma. "Quer dizer que Dilma ainda está no poder?", perguntei, sabendo a resposta.

Não sabia se ficava feliz ou triste com aquela situação: contente porque não fiquei desacordada por muito tempo e chateada porque ainda tínhamos uma presidente inútil e corrupta. A equipe médica riu. Testou minhas reações e reflexos para ver se eu tinha algum efeito colateral.

Ao final de tudo, concluí que meu destino, preparado por Deus, não trazia a morte naquele momento. Foi apenas um obstáculo e concluí no meu modo de pensar que a cirurgia era só uma forma de recomeçar, junto com o Brasil, pois 2016 seria o ano de tirar do executivo o partido mais corrupto que nossa história já viu.

CAPÍTULO 2

CARLA ZAMBELLI POR CARLA ZAMBELLI

Algumas pessoas ainda me perguntam se eu tenho esperança em dias melhores. Eu estou segura que o Brasil está predestinado a fazer algo grandioso na história mundial. Só não sei se estarei viva ainda para assistir, mas meu filho, meus netos talvez vejam, e isso já me faz feliz e com força suficiente para seguir adiante.

A educação que nosso país deu às nossas crianças e adolescentes nos últimos 20 anos me faz acreditar que há algumas gerações quase perdidas, que precisaremos trabalhar muito com conscientização e limpeza em nossos poderes.

O médico havia dito que eu precisaria de quatro meses de cama para ficar bem. Em cinco dias eu estava em casa, no dia 29 de dezembro já gravei um vídeo, usando uma faixa para esconder a enorme cicatriz. Na noite do ano novo eu estava nova em folha. Tive uma crise de enxaqueca no dia 1º que durou até o dia 3, tive que passar estes dias no escuro, mas depois de tomar até morfina, foi o Propanolol que tirou a dor "com a mão", era só a pressão intracraniana. Ou seja, em 15 dias eu já levava uma vida normal, e queria voltar ao trabalho, para pedir demissão. Mas o INSS estava em greve, quando fui à perícia o médico não me deixou voltar, me deu até final de maio de afastamento, sem negociações.

Continuei então na lida do *impeachment* e depois da recuperação tão rápida, de uma coisa eu fiquei segura: meu destino não era mais gerenciar projetos de demissões e enxugar custos, mas fazer o Brasil crescer, para que as empresas não precisassem mais passar pela tristeza de reduzir seus quadros.

Decidi, então que sairia da KPMG e abriria uma Associação, passaria a me dedicar exclusivamente ao NasRuas, eu sabia que não seria fácil, que haveria problemas financeiros, ataques pessoais e espirituais, mas nada era melhor do que acordar e agradecer pelo que eu fazia, levantar disposta para trabalhar. Me lembrava dos milhões de desculpas que eu inventava para mim mesma, antes de levantar da cama para gerenciar os projetos de cortes sem fim.

Trabalhe com o que você ama e acredita de verdade e não se sentirá trabalhando um dia sequer, por isso me dedico mais de 16 horas por dia, de domingo a domingo, encosto a cabeça no travesseiro e a consciência está tranquila. Eu erro, sim, como qualquer um, mas sempre querendo acertar. Eu desagrado sim, não escolhi o caminho mais fácil para agradar ninguém, fazer o certo muitas vezes é desagradar a todos.

Neste caminho, fiz inimigos em todos os lugares, até dentro da pequena banda podre da Polícia Federal, que me processou porque critiquei o presidente da Federação de Agentes da PF de querer mudar a lei para virar delegado ao invés de estudar para passar no concurso que ele bombou duas vezes. Oras... porque alguns querem escolher o caminho mais fácil?

Bati de frente com o STF, com os bonecos dos ministros que já fiz, com o PMDB, fazendo o boneco do Renan Calheiros (lá na frente terá uma história boa a respeito dele), criei inimizades no poder Judiciário, apoiando Eliana Calmon quando seus poderes foram retirados no CNJ por expor 500 juízes que ganhavam acima do teto e os chamou de bandidos de toga.

Defender a verdade, o justo, o correto não é fácil em um país no qual quase tudo está errado; há um problema no sistema. No livro de Jacó, claramente se diz, o caminho pode ser estreito, mas persevere e você conseguirá atingir seu objetivo. Tenho alguns princípios de vida que não abro mão:

1) Brigue de igual para igual. Não travo batalhas com quem não tem condições de pelear comigo, só brigo com quem for igual ou maior que eu, que tenha condições de se defender, pensar o contrário seria o mesmo que defender o princípio da humilhação ao próximo.
2) Procuro não fazer ao próximo o que eu não gostaria que fizessem comigo ou os meus. Digo que procuro, porque se fizer o contrário, será por erro e não de propósito.
3) Dou um boi para não entrar em uma briga, mas uma boiada para não sair. Não gosto de brigar, por incrível que pareça. E quase nunca brigo para me defender, não por qualquer motivo, mas porque sei que Deus está sempre ali para me proteger e Ele não deixará que nenhum mal injusto me aconteça. Mas não mexa com quem eu amo. Sou capaz de qualquer coisa para proteger os meus.
4) Em uma guerra, não vale tudo, mas vale quase tudo. Não passei em uma prova de um concurso porque perguntaram: "em casos extremos, vale a tortura"? Ora, o que é um caso extremo? Pensei em dois exemplos, bombas estão armadas em um estádio de futebol e você pega o terrorista, não vale torturá-lo para descobrir rapidamente onde estão as bombas? Ou: sequestram meu filho e sei que ele está sofrendo todo tipo de barbárie, encontro um dos sequestradores; alguém tem alguma dúvida de que eu mesma o torturaria até arrancar a localização do meu filho? Ah, não sejamos hipócritas.
5) Para toda uma ação, há uma reação. O primeiro a agir de forma incorreta com outrem, tem que estar preparado para aguentar reações de qualquer tamanho, de volta. A reação pode ser desproporcional, porque quem ofende, mexeu com quem estava quieto. Isso serve para mim, se eu percebo que errei, espero todo tipo de retaliação e me resigno.
6) Ouço desde pequena quando erro: não peça desculpas, simplesmente não volte a errar neste ponto. Isso desenvolveu em mim um problema com o perdão. Se eu percebo que a pessoa está arrependida, ainda que não me peça desculpas, eu esqueço o ocorrido. Mas já tive dezenas de experiências

de traidores chorarem, pedirem milhões de desculpas e ao virar as costas, te esfaqueia em seguida. Por isso, na maioria das vezes que erro, não peço desculpas, digo de coração que o erro não voltará a ocorrer.

7) Confio nas pessoas até que me provem o contrário. E por mais que a vida esteja tentando mudar este meu princípio, peço a Deus em cada traição que Ele conserve meu coração sem maldade para a vida e para as pessoas. Eu acredito no ser humano, amo a vida e não temo a morte.

8) Respeite os mais velhos e seus pais, seus tios, avós. Não durma brigado com quem você ama, porque esta pessoa pode não estar aqui amanhã para você fazer as pazes com ela. Fui acostumada a chamar os mais velhos de senhor(a) e o faço por respeito, a não ser que a pessoa se sinta mal com isso, e há os que se sentem mal que lhes chame de "senhor".

Aproveitando o último tema, há algo importante que muitos brasileiros não perceberam que aconteceu nos últimos anos: a pirâmide da autoridade foi pervertida. Pais, professores, policiais e qualquer pessoa que representava uma autoridade para nós, foram se transformando em iguais para nós e isso foi a esquerda de Gramsci que tramou para o mundo comunista e a esquerda atuante no Brasil conseguiu implementar silenciosamente nos últimos 40 anos. Desde a era Vargas, os comunistas tentavam chegar ao poder, para implantar a Ditadura do Proletariado, se vivíamos uma "ditadura", como eles dizem, nada mais seria que trocar um ditador por outro.

A Janaina Paschoal certa vez me perguntou o que havia mudado em mim depois da cirurgia. Pega de surpresa, parei para pensar o que havia mudado. Com certeza eu estou mais serena, mais calma, é mais difícil me tirar do sério, porque a vida tem mais valor para mim hoje e viver bem é o mesmo que ter valor na vida.

Mas por outro lado, quando você acha que vai morrer, se prepara para isso e Deus lhe dá mais um tempo – ou já estava previsto e você achou errado –, de qualquer forma, ganha-se mais tempo, ou seja: "o que eu viver daqui para frente é lucro". Então me desliguei mais ainda das questões materiais. Pessoas e momentos, aprendizado e amizade valem muito mais do que dinheiro para mim atualmente, mais ainda do que já valia.

Além disso tudo, e isso respondi para Janaina, eu fiquei mais inconsequente comigo mesma. Ou seja, me ponho em enrascadas, em situações de perigo, me "jogo", sem medo. A Joice chama isso de coragem, Alex chama de síndrome da ausência de medo... Dê o nome que quiser, mas quando Paulo Pimenta recentemente me deu voz de prisão (isso estará contado com mais detalhes à frente), eu não tive nenhum medo, fui inconsequente com a minha segurança, meu futuro, meu bem-estar.

Entretanto, com o próximo eu fiquei mais cuidadosa. Não perco a paciência para me defender, mas não mexa com alguém que eu ame ou alguém que eu veja que não é capaz de cuidar de si mesmo. Como a minha vida "vale menos" porque estou vivendo no "lucro do tempo", a vida do outro ficou mais importante para mim. E não digo isso da boca para fora, você leitor, notará esta mudança ao longo dos anos, no livro.

Na faculdade de Arquitetura, até um professor me ofereceu maconha, todos os *gays* tentaram me apresentar meninas, mas a minha natureza já era conservadora. Mas afinal, o que é ser conservadora? Acredito que é o modo como enxergo a forma pela qual devemos trabalhar para que a sociedade se organize de maneira a se fortalecer e estar menos sensível a aceitar qualquer tipo de novidade que chegue. É um conjunto de princípios e, acima de tudo, de experiências adquiridas pelas gerações anteriores que ao ler esta história, será mais fácil entender como cheguei até lá.

PARTE II

CONTEXTUALIZANDO O PASSADO

APRESENTAÇÃO À PARTE II
CONTINUE SONHANDO

Geraldo Rufino

O lá, meu nome é Geraldo Rufino, um empreendedor que empreende desde os sete anos de idade. Empreende primeiro ajudando, empreende socialmente contribuindo com as pessoas e desde então eu comecei meus ensinamentos.

Comecei a adquirir e formar os meus valores, que com oito anos já estavam blindados. Passei a ter valores na base familiar e em seguida no trabalho. E para bem desenvolvê-los foi necessário ter interesse em uma coisa que a vida inteira vai fazer parte de nós, que é a política.

Com o tempo eu fui entendendo um pouco melhor que eu já era político de natureza, aliás, todos nós somos políticos, desde dentro dos nossos lares até quando você precisa conciliar as diferenças de cada um ou quando você precisa se ajustar para poder conviver.

Fui, então, me apaixonando por isso, uma paixão que vem da família, e a política faz parte desta paixão. Política para mim significa *relacionamento*, e dessa base e desses valores fui construindo uma história, uma história de empreendedorismo de geração de oportunidades, de convivência com as pessoas, de gratidão, de evolução como ser humano, de bater metas atingíveis no crescimento humano, sempre buscando representantes e almejando fazer algo de bom pelo próximo.

Nessa trajetória eu conheci muitas pessoas, conheci gente de todo tipo, e a maioria é do bem. As pessoas que não têm o bem em si são apenas uma minoria de doentes, mas a maioria é boa, sadia, mesmo tendo o viés de às vezes não conseguir fazer o que a sociedade aprova. Mas eu sempre acreditei nas pessoas e as vim conhecendo, de A a Z no meio social, no meio empreendedor, no meio político pessoas maravilhosas, heróis brasileiros!

Heróis brasileiros como uma amiga do coração chamada Carla Zambelli. A Carla é uma referência de heroína que eu conheço. Meninos e meninas que têm o Brasil no sangue; um sangue verde e amarelo e que acreditam no nosso país, acreditam no poder que cada um de nós tem para mudar o país.

O passado começou a vir para o presente, ou seja, as transformações vêm acontecendo debaixo dos nossos olhos, tudo isso enquanto muitas pessoas deixam os problemas passarem como se não as afetassem, quando na realidade são problemas que fazem parte da nossa vida, de nosso dia a dia e que faz parte de nosso desenvolvimento como ser humano. Independentemente de nossa atividade ou condição social estamos ligados à política, e a Carla está ligada à política como muita gente boa que eu conheço da linha de frente que eu chamo de Heróis Brasileiros.

Estes heróis são as pessoas que se dedicam, que ficam doentes assim como a Carla, mas que tem resiliência para continuar, que tem um propósito firme e não cansa de se dedicar.

Continue sonhando, Carlinha!

CAPÍTULO 3
O INÍCIO EM 2011

"Se queres prever o futuro, estuda o passado"
– Confúcio

Esta imagem abaixo foi a primeira foto de nosso perfil na página do NasRuas. Caso seu interesse seja apenas o *impeachment* e a era pós-Dilma, pode tranquilamente passar para a terceira parte deste livro. Contudo, a verdade é que diferente da narrativa simplista de "golpe" propagada por militantes ou intelectuais de esquerda, o movimento que resultou no afastamento da presidente Dilma Rousseff nasceu muito antes. A vontade da população foi sendo construída passo a passo em um longo processo.

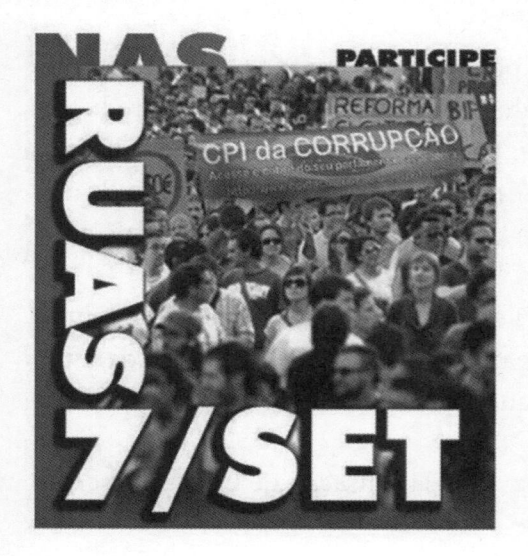

O Brasil começou a viver uma transformação em 2014, com o início da Operação Lava Jato, e em 2015, com o despertar do povo. Naquela época, a inflação aumentava e já era a maior desde 2003, chegando à casa dos 8,47%. Era notório que os impostos só serviam para bancar o mensalão e o petrolão, proporcionando o desequilíbrio das contas públicas. Saúde, Educação e Segurança? Segundo plano. O primeiro intuito sempre era desviar dinheiro para o bolso dos políticos.

Enquanto isso, a presidente petista Dilma Vana Rousseff incentivava o consumo. Em Bruxelas, após participar da cúpula Celac-União Europeia, culpou o clima seco pela alta da inflação e desvalorização do real perante o dólar. "Esse ajuste não fomos nós que provocamos. Nós sofremos os efeitos dele. Esse ajuste é passado para o preço", afirmou à imprensa.

Os movimentos de rua, como o NasRuas, já estavam, junto à população, pedindo pela saída de Dilma. Antes, porém, de chegar a este cenário, é necessário voltar lá atrás, em 2011, para detalhar como tudo começou, como o NasRuas nasceu e se tornou um dos principais grupos sociais de direita e pró-*impeachment*.

O início da segunda década dos anos 2000 na política brasileira foi marcado pelo "mensalão do DEM". Em um dos episódios, a deputada federal Jaqueline Roriz (PMN-DF) e seu marido Manoel Neto foram acusados de receber R$60 mil de Durval Barbosa, ex-secretário de Relações Internacionais do Distrito Federal, para financiar a campanha da parlamentar de 2006.

Comigo tudo começou um pouco antes, em 2006, eu morava na Espanha e não via sentido na minha vida; projetos sem fim de redução de pessoas, diminuição de custos, guerras silenciosas aconteciam por vários países e pensei em me alistar na "Cruz Roja". Eu voltaria ao Brasil, depois faria um curso de 6 meses na França e partiria, provavelmente para Angola.

Chegando ao Brasil, descobri que estava grávida; eu tomava pílula, o ex-namorado tinha ficado na Espanha, mas aquela vida dentro de mim me encheu de sonhos e planos. Eu queria dedicar minha vida a algo maior, mas não era o momento.

Alguns anos se passaram com aquela sensação de incômodo crescendo dentro de mim.

A movimentação em Brasília era intensa e, em 8 de junho de 2011, a comissão de Ética da Câmara aprovou o pedido de cassação da deputada, enviando o processo ao plenário para votação em agosto daquele ano.

Alguns dias depois, eu dirigia em um trânsito infernal, xingando o prefeito de São Paulo (Gilberto Kassab, à época). Às 7h00 Arnaldo Jabor entrou no ar, contando o caso de Jaqueline Roriz e, salvo engano, frisou que a votação que pedia sua cassação seria secreta, ou seja, o voto de cada parlamentar não seria público. "Oras, por que secreta? Por que nós, eleitores, não podíamos saber como estavam votando os que nos representavam?", pensei.

Um barulho na janela do carro me chamou atenção. Um menino pedia dinheiro. Tenho como princípio não dar esmola às crianças, pois normalmente suas mães as colocam para fazer este tipo de "trabalho" enquanto se prostituem ou se drogam. Procurava sempre ajudar de outra maneira, dando aula de datilografia (que coisa antiga), arrecadando roupas ou fazendo mutirões de sopão quando possível.

Naquele dia, especialmente, meu coração apertou, indo para o trabalho, despertou-me o desejo de lutar por meu país e de João. Como podiam nossos parlamentares sempre estar envolvidos em escândalos de corrupção e, ao mesmo tempo, nossa população estar sofrendo tanto?

Já existiam sentimentos e questionamentos fortes sobre os motivos de tanta roubalheira e um contraste de fome e miséria enfrentado por muita gente. A mãe do menino, sentada próxima ao semáforo, denotava o que fazia: colocava o próprio filho para pedir dinheiro. Lembrei-me de meu parto, em 2007, no hospital público Leonor de Mendes Barros. Para João nascer, fizeram um corte (períneo) com 14 pontos, tudo sem anestesia. O hospital não permitiu que minha mãe ficasse comigo. Várias mulheres eram colocadas ali, sem alimentação ou qualquer analgésico. Fiquei das 7h30 até 22h40 sofrendo dores horríveis para ter meu amado filho João. Passei noites sem comer e vi todo tipo de sofrimento. Não via a hora de levar meu pequeno embora. Quando cheguei em casa, sentia-me em um palacete.

Tal indignação somada à revolta de meu terrível parto provocaram a união da revolta com o amor que sempre tentei colocar acima de qualquer situação, gerando uma necessidade imediata de ação.

E só o que me passava pela cabeça, naquela manhã de junho de 2011 era: *por quê?* Eu nunca fui politizada, trabalho desde os 13 anos, fiz dois anos e meio de Arquitetura em universidade pública, estudando com 95% de alunos *gays* e adeptos da maconha. Nem por isso experimentei uma coisa nem outra. Cansei daquele curso e fui fazer Administração. Desde os 13 anos de idade eu era financeiramente independente, trabalhando como vendedora, depois, telemarketing e, aos 19 anos, era Coordenadora de Marketing de uma das unidades do FGV (Fundação Getúlio Vargas) Management; com 20, fui morar sozinha e, aos 23, fui embora do Brasil, também sozinha. Tive os mais diversos trabalhos, sempre focada em me desenvolver, mas não tinha uma fonte de aprendizado sobre política. Assim como a maioria dos brasileiros, era minha sobrevivência em primeiro lugar.

Não sabia a diferença entre esquerda e direita, conservadores e liberais, não tinha nem ideia do que representava a ideologia de gênero. Não sabia sequer que DEM e PT faziam oposição um ao outro (se é que realmente o fazem). Só não queria mais viver no Brasil.

Nos dois anos em que morei na Espanha presenciei diversas manifestações. Bastava uma notícia torta na TV que os espanhóis passavam SMS para seus amigos convocando-os para irem à Plaza Mayor (Praça Maior, localizada na região central de Madrid) no dia seguinte. E o povo comparecia em peso, formava uma multidão que alcançava a marca de 200 mil pessoas. E isso não acontecia apenas quando grandes escândalos eram descobertos: podia ser algo pequeno, mas lá estava a população mostrando sua indignação.

Lembrei-me então de meu primo Eduardo Chvaicer, que, semanas antes, havia lançado um evento no *Facebook* convidando as pessoas para um "Mergulho no Tietê" no dia 12 de novembro. Mais de 1000 pessoas confirmaram presença. Era algo inédito na época e chegou a sair em alguns jornais.

A partir deste *case*, montei um evento no *Facebook* que comecei a mobilizar pessoas para uma manifestação em 7 de setembro de 2011, data em que se comemora a Independência do Brasil, dei o nome de "A nova Independência do Brasil". Achei uma imagem no Google com o mapa do Brasil vomitando a palavra *corrupção*. Era nojento, mas expressava bem o que eu sentia.

Aos poucos as pessoas começaram a confirmar presença. Então, decidi espalhar a atividade em vários grupos que falassem de corrupção e em páginas de jornais e revistas. Em poucos dias mais de 1000 confirmações de todo o Brasil. Muita gente passou a entrar em contato comigo para saber como fazer o protesto em suas cidades.

Em poucos dias, conheci Marcel Santos, publicitário que deu nome a tudo aquilo e tornou o evento em algo maior: o nasruas, assim mesmo, tudo junto e minúsculo, que assim ficou até 2015.

Tudo foi tomando uma proporção tão grande que parecia que perderíamos o controle. Entretanto, com ajuda de amigos e novos grupos que foram se formando, conseguimos fazer daquele dia 7 um dia inesquecível. Várias cidades aderiram ao protesto que, para mim, seria apenas o primeiro.

Com isso, grupos de discussão em cada estado e cidade aonde houvesse gente interessada em participar seriam criados.

A partir de então, começaram a "pipocar" eventos marcados para a mesma data e também no Rio de Janeiro para o dia 20 de agosto, com organização do grupo *"Todos Juntos Contra Corrupção"*, liderado por Cris Maza. Na época lutamos juntas, mas depois de alguns anos, percebi que ela tinha uma veia esquerdista e, enquanto escrevia este livro, procurei-a no *Facebook* e, em destaque na sua foto de perfil estava a tarja *"Não reconheço governo golpista"*, referindo-se a Michel Temer, vice de Dilma empossado presidente legitimamente após o *impeachment* da petista.

Com a existência de tantos eventos e problemas com horários e locais desencontrados, tornamos o "nasruas" um lugar de discussão de todos os grupos de diferentes origens, com o intuito de decidirmos juntos, através de enquetes em cada município, tudo o que precisava ser definido para a manifestação do Dia da Independência. Montamos então o *"Varre*

Brasil", com página na *internet*, que seria o movimento representado por mim no espaço "nasruas". Deu certo por um tempo.

Em 29 de agosto a página foi criada, com a seguinte descrição: "*VOCÊ sabia? Os Grupos da rede #NASRUAS são organizados em forma de ENQUETE prioritariamente. Desta forma, acreditamos que, teremos consistência para ações efetivas no dia das manifestações que estamos organizando com tanto sucesso aqui nas redes sociais. Em breve, vamos expandir para Twitter, Orkut usando o TAG #nasruas*".

Na época outros movimentos apareceram. *Revoltados ONLINE* (que já existia há algum tempo, mas com um viés voltado à luta contra a pedofilia); *Dia do Basta* (que depois se mostrou esquerdista); *31 de Julho do RJ* (fundado dia 31 de julho de 2011); *MBCC de Brasília*; *Pátria Minha* e outros menores tiveram grande importância naquele período.

Três dias antes já tínhamos fechado com 12 cidades e uma pauta que não me agradara muito, mas, como eu era voto vencido nas discussões, aceitei. Era muito difícil algo que agradasse a todos. Fora decidido que:

> *A manifestação do dia 7 de setembro de 2011 é só a primeira conquista de uma série que virão e para colhermos esses frutos, que todos esperam, teremos que plantar muitas sementes!*
> *– Aplicação do Projeto de Lei Complementar 135/2010 FICHA LIMPA já;*
> *– Aprovação da CPI da corrupção:*
> http://cpidacorrupcao.blogspot.com/p/cpi-da-corrupcao-convenca-seu-senador.html
> *– Aprovação do projeto de Lei: Políticos sem sigilos:*
> http://www.politicossemsigilos.wordpress.com
> *– Reforma tributária.*
> *– 10% do PIB sendo investido em educação.*
> A marca de R$ 900 bilhões em arrecadação de impostos foi superada na data de 19/08/11, 34 dias antes do que no ano de 2010. E sabemos o quanto este dinheiro é pessimamente empregado.
> No Brasil, todas as grandes conquistas democráticas só foram alcançadas após grandes manifestações. Todo o dinheiro desviado deixa de ser investido para melhorar nosso serviço de saúde, a educação de nossas crianças e

adolescentes, a infraestrutura que melhora a qualidade de vida do cidadão, tudo isso está se transformando em luxo para poucos. Precisamos equacionar salários e benefícios de políticos e outras profissões públicas tão importantes como professores, policiais, bombeiros etc.
Dia 7 de setembro "data tão festiva, foi a independência dessa terra tão querida", vamos sair às ruas, cada um em sua cidade, vamos mostrar que não estamos de acordo!
Neste feriado que representa uma conquista tão importante para nosso Brasil, convidamos a todos a fazer deste evento – 07/09/11 – o início de uma nova era em nosso país!

Como você pode notar, as pautas iam de conservadoras a socialistas... rs. A forma de escrever, a ideia em si não tinha formato, era toda torta e isso foi o que chamou a atenção da imprensa, fazendo deste primeiro evento, um sucesso.

CAPÍTULO 4
JÁ NÃO HAVIA VOLTA

Quando me dei conta, já não havia mais volta. Eu tinha mergulhado em um oceano que não havia saída e, dia após dia, a rotina da minha vida foi não ter cronogramas pré-agendados. A cada nascer do sol, uma novidade, uma ação diferente, uma pauta a mais para me engajar.

A imprensa começou a me ligar todos os dias cobrando nossas pautas e fazendo entrevistas. Tudo aquilo foi muito novo e interessante para mim. Lembro-me da primeira vez que a revista *Veja* entrou em contato. Eu tremia por inteiro para responder às perguntas e, após a conversa, arrependi-me de uma série de respostas pouco inteligentes.

O jornal *O Estado de S. Paulo*, *Estadão*, deu destaque para nossa manifestação, no dia 6 de setembro:

Grupo organizado via rede social promove ato contra corrupção nesta quarta-feira
No dia em que o Brasil comemora 189 anos de independência, o movimento promete parar as principais cidades do País. Confira reportagem de Isabel Campos.

A coluna de Augusto Nunes na *Veja* disponibilizou um mapa das cidades participantes e publicou a seguinte matéria:

Jovens vão marchar contra corrupção no 7 de setembro.
Pelo menos 35 cidades em dezessete estados entraram no mapa da mobilização que surgiu na internet *e já atraiu mais de 130.000 pessoas – por Fernanda Nascimento*
Na próxima quarta-feira, os festejos do dia da Independência não se limitarão aos desfiles militares. A comemoração verde e amarela será invadida por cartazes de indignação contra a safra de escândalos envolvendo figuras ligadas ao governo. Manifestantes espalhados por pelo menos 35 cidades vão pedir o fim da corrupção e da impunidade. Não há partidos políticos nem lideranças engajadas no movimento. Espontaneamente, 130 000 pessoas já confirmaram presença nos protestos através das redes sociais.
"Muita gente me pergunta: será que vai funcionar mesmo? Eu acho que vai. O governo tem que acordar e perceber que não aguentamos mais", aposta a gerente de projetos Carla Zambelli, organizadora do movimento NASRUAS. Como ela, jovens preparam manifestações e tentam estimular a disseminação da campanha. "O importante é unir forças", diz.
São Paulo, Minas Gerais e Rio de Janeiro abrigam o maior número de cidades que terão eventos próprios. Mas a mobilização foi muito além da Região Sudeste. Haverá protestos no Acre, na Bahia, no Pará, no Paraná e em mais dez estados.
Só na cidade de São Paulo, duas passeatas vão sair diante do prédio do Masp. Às 9 horas de quarta, um grupo abrirá o ato de protesto junto com o desfile da Independência. Durante a tarde, às 14 horas, uma escola de samba batizada de "Unidos contra a corrupção" tomará a avenida Paulista vestida de preto. Por enquanto, espera-se o comparecimento de 25 000 pessoas.
Poucos habitantes, muitos manifestantes – Não só os moradores das capitais prometem protestar no dia da Independência. Com 60 000 habitantes, o município gaúcho de Carazinho já está vendendo camisetas para gritar contra a corrupção. Quase mil quilômetros distante, os moradores de Mairiporã, na região metropolitana de São Paulo, também já reuniram cerca de 500 pessoas através da divulgação boca a boca.

Resta saber se todos estarão lá no dia 7. Para Carla Zambelli, *já passou da hora de acordar. "Desde os caras-pintadas, o brasileiro não fez mais nada", diz. "Todos ficaram dormindo, sem tempo para pensar nisso. Agora chegou o momento de reavivar este sentimento".*

MAPA DOS PROTESTOS
Conheça as mobilizações contra a corrupção programadas para este 7 de setembro

Mapa da revista *Veja* mostrou as cidades onde haveria protesto

Enfim chegou o grande dia da "1ª Marcha Contra a Corrupção". Levamos às ruas munícipes espalhados em 34 cidades, apesar da mídia só ter noticiado 17. Na Capital Federal Brasília, pela manhã, a *Globo* noticiava o desfile de 7 de setembro quando o narrador disse: "Há um mar de gente se aproximando da Esplanada". Liderados por Daniela Kalil, mais de 10 mil pessoas compareceram para protestar contra o absurdo que havia se concretizado em 30 de agosto, a absolvição de Jaqueline Roriz, com um placar de 265 versus 166, em votação secreta.

Havia sido uma sessão histórica. A pedido de deputados, o presidente da Câmara Marco Maia (PT-SP) determinou a retirada de câmeras do Plenário, com a finalidade de evitar que seus votos fossem revelados.

Todavia, Maia voltou atrás em sua decisão. A cassação da deputada seria concretizada se o processo, que tinha como relator Carlos Sampaio (PSDB-SP), obtivesse pelo menos 257 votos, o que não aconteceu. Somente 166 parlamentares votaram contra Jaqueline e ela permaneceu no Congresso.

No Maranhão, estado dominado pela família Sarney e assolado por mais de 200 inquéritos de corrupção à época, 12 guerreiros compareceram ao ato e oito deles tiveram a coragem de tirar esta foto:

A Esplanada dos Ministérios, em Brasília, recebeu cerca de 25 mil manifestantes, de acordo com a Polícia Militar local. Na Av. Paulista, em São Paulo, o número foi de 500 participantes. A revista *Veja* contabilizou 30 mil pessoas em todo o país.

Uma pena eu não ter tido a perspicácia de juntar recortes de jornais de toda esta história. Não imaginei que chegaria tão longe. Não entrei nisso com interesse político. Minha vontade era apenas mudar o rumo da história. Acabei não me preocupando em como isso tudo seria contado anos mais tarde. Ah, se arrependimento matasse!

7 de setembro na Av. Paulista (São Paulo).
Foto: Coluna Augusto Nunes (*Veja*)

Logo depois, marcamos a 2ª Marcha para 12 de outubro do mesmo ano. Algumas pessoas e jornalistas passaram a nos confundir com os manifestantes do "*Occupy Wall Street*", protesto iniciado no mesmo período que o nosso, no Zuccotti Park, distrito financeiro de Wall Street, Nova York, contra a desigualdade social e econômica e corrupção, entre outras pautas. Às vésperas do dia 12, 25 cidades já estavam confirmadas e nossas pautas começaram a tomar corpo. Em entrevista para Augusto Nunes, da *Veja*, eu e Luciana Kalil (irmã de Daniela Kalil), falamos sobre os objetivos desta manifestação. Abaixo, um trecho da reportagem:

"Vamos colher assinaturas pedindo o fim do voto secreto e a aplicação da Ficha Limpa", exemplifica Luciana Kalil, uma das organizadoras do movimento em Brasília. "Para que tenha valor, são necessárias um milhão de assinaturas em quatro estados." Os participantes da passeata também vão defender aos gritos o fim do foro privilegiado, a revisão dos critérios para aprovação de emendas e a promulgação do projeto de lei que caracteriza a corrupção como crime hediondo.

"Se conseguirmos tornar constitucional uma lei como a Ficha Limpa, conseguiremos derrubar um José Sarney", anima-se Carla Zambelli: "Se conseguirmos emplacar o voto distrital, conseguiremos derrubar um Valdemar Costa Neto. Não adianta derrubar o Sarney e surgir alguém que aja igual. Acredito que teremos sucesso se atacarmos o cerne da questão."

Na contagem final, milhares de pessoas saíram de suas casas em 10 capitais da Federação. Em Brasília, 20 mil. No Rio de Janeiro, 2 mil.

20 mil em Brasília. O Brasil estava acordando.
Foto: *Folha de S. Paulo*

Sobre o foro privilegiado, que é um benefício que políticos, ministros e juízes têm quando for necessário julgá-los por algum ato ilícito, o NasRuas analisa posições diferentes, como a do Dr. Ives Gandra Martins, que acredita ser mais importante ter um STF que funcione de fato para julgar os parlamentares, do que tirar o foro por prerrogativa de função de todos os parlamentares.

A grande questão não é o foro em si, mas o fato de mais de 40 mil pessoas o possuírem e, além disso, termos um STF que não funciona, que não julga, que tem interesses, por ser oriundo de indicações políticas.

Fato é que a Constituição Federal em seu Artigo 5º, afirma: "Todos são iguais perante a lei, sem distinção de qualquer natureza, garantindo-se aos brasileiros e aos estrangeiros residentes no País a inviolabilidade do direito à vida, à liberdade, à igualdade, à segurança e à propriedade [...]".

Alguns pensam: "se a maior das Leis garante a igualdade entre as pessoas, por qual motivo os citados acima podem ter esse privilégio? São seres divinos? São homens especiais que precisam de atenção especial por causa de doença? Não. Então, que se igualem à sociedade civil e desfrutem igualmente dos direitos". Isso faz sentido hoje, num país que vive e se organiza em torno da corrupção. Mas se o foro se restringisse a pessoas que estivessem no Congresso para realmente nos representar e não para nos roubar, e que fossem julgadas em última instância por ministros com mandato e sem indicações políticas, o foro funcionaria.

Mas, voltando à história, o ano ainda tinha dois meses, tempo suficiente para organizar a 3ª Marcha Contra a Corrupção. Com pautas definidas, entendemos que, naquele momento, era importante pedir pelo voto aberto no Congresso, aprovação de projeto que tornava crime hediondo a prática da corrupção e a Ficha Limpa, valendo já para 2012.

É triste ver que num país tão grande e rico como é o Brasil os movimentos e a sociedade precisam ter, como prioridade de exigência, punições mais duras contra corruptos. Em pleno século XXI, poderíamos estar mais preocupados em exigir mais tecnologia, desenvolvimento de infraestrutura e outras coisas, mas somos forçados a ficar presos em temas que, por vezes, desanimam-nos. Entretanto, se essa é nossa responsabilidade, não podemos fugir dela. Se o maior problema é a corrupção, então vamos enfrentá-la. Mas, como?

Uma das características presentes no ser humano é a facilidade de reclamar. Falamos mal de tudo, do que deve ser criticado, do que não deve, das pessoas, dos animais, do clima, do trabalho... É incrível como temos esse talento. E o que há de sobra em murmuração, falta em ação. Atitudes responsáveis e honestas às vezes não são tão atraentes, mas sempre são necessárias. Este é o primeiro passo: cuidar de nós mesmos, porque, além da reclamação, está impregnado em nós o "jeitinho brasileiro".

Quando passamos a supervisionar o que fazemos, podemos exigir do governo transparência. A partir deste ponto, gostaria de pedir que cada leitor refletisse sobre como tem agido no seu dia-a-dia. Coisas pequenas, mesmo que pareçam inúteis, se forem erradas, são erradas. Precisamos cobrar dos políticos a honestidade, mas temos que ter uma ficha limpa de quem somos para então termos liberdade em nossas consciências para falar mal dos donos do poder que agem com desonestidade.

Entretanto, mesmo assim, acredito fielmente que o exemplo deva partir dos nossos representantes. Se houvesse bons exemplos públicos, o povo também mudaria. Se houvesse menos impunidade, mais rigor nas leis, o cidadão se adequaria, talvez não por vocação à verdade, mas por medo. E isso já seria suficiente. O que não podemos fazer é delegar, transferir a responsabilidade; fazer o errado esperando não ser pego.

Como diz a frase de John F. Kennedy, citada, diversas vezes, por Geraldo Rufino: *"Pare de perguntar o que seu país pode fazer por você e passe a se perguntar o que você pode fazer pelo seu país"*. O que vem antes, afinal: o ovo ou a galinha? Mas fato é: vamos dar o exemplo de vida e não deixemos de cobrar com veemência nossos representantes.

A manifestação de 15 novembro de 2011 não foi tão grande quanto as outras duas, mas com certeza teve sua importância para o fortalecimento da Democracia e do combate à impunidade. Em São Paulo choveu bastante e eu não estava presente. No dia anterior, 14 de novembro de 2011, passei mal das 7h00 da manhã às 8h00s da noite, quando meus pais decidiram me levar ao pronto-socorro, às 3h00 da manhã e me diagnosticaram com apendicite. Às 8h00 do dia 15 eu estava entrando para a mesa de cirurgia; seria minha primeira! E eu dei tchau para minha mãe, com um sorriso no rosto.

A primeira cirurgia é sempre muito estranha, ficar pelada numa maca com todo mundo que você não conhece te olhando, não saber se você vai voltar bem ou com alguma sequela, mas curti aquilo como uma grande aventura. Me lembro de acordar uma hora e o médico me mostrar meu apêndice com algumas fissuras e pus saindo... eca! Tiveram que abrir um pouco mais, fazer uma espécie de lavagem para não dar infecção.

Às 18h00 um grupo do NasRuas veio me visitar, alguns com capa de chuva, outros encharcados por terem estado na manifestação com 600 pessoas, debaixo de tempestade que a imprensa chamou de "fracasso". Interessante o descompasso dos valores entre nós e para a imprensa.

A imprensa começou a pegar no nosso pé, chamando-nos de "indignados ignorantes", porque não tínhamos uma pauta fixa, um foco. Por isso, para fechar o ano, realizamos o 1º Congresso Contra a Corrupção em 9 de dezembro, data em que se celebra o Dia Internacional Contra Corrupção. O objetivo era colocar as principais exigências do povo sob a análise de profissionais e definir, a partir deste debate, pelo quê deveríamos lutar.

Um de meus mentores, Roberto Lacerda, que acompanhava nosso movimento, me disse que só passaria a me respeitar no dia em que eu tivesse o aval do Dr. Ives Gandra Martins. Procurei-o pela primeira vez na organização deste Congresso, mas infelizmente na mesma data ele teria o lançamento do CD com as músicas que ele escreveu para Ruth, sua linda esposa.

Participaram do evento, que aconteceu no Auditório Assis Chateaubriand, em São Paulo, juristas como Hélio Bicudo, fundamental nome na luta pelo *impeachment* de 2016, Jean Menezes de Aguiar, Thais Cavalcanti, Dircêo Torrecillas, os cientistas políticos Humberto Dantas e José Álvaro Moisés, além de historiadores.

Naquele último mês de 2011, o NasRuas já reunia representantes em mais de 50 cidades brasileiras e tinha mais de 50.000 curtidas no *Facebook*, com apenas cinco meses de história.

CAPÍTULO 5
O ANO DE 2012

Já dizia a Bíblia no livro de Provérbios, capítulo 24, versículo 9: *"Quando o governo é justo, o país tem segurança; mas, quando o governo cobra impostos demais, a nação acaba na desgraça"*.

Começamos o ano embalados, sem deixar o mês de descanso nos contaminar. Junto a outros movimentos, o NasRuas organizou outra manifestação, no dia 25 de janeiro, aniversário da cidade de São Paulo, contra a impunidade, o corporativismo e as ilegalidades no Estado brasileiro.

Um dos movimentos participantes foi o "31 de Julho" do grande amigo Marcelo Medeiros, idealizador do prêmio "Algemas de Ouro", que "premia", de maneira simbólica, os políticos considerados mais corruptos. Na ocasião, a cerimônia de entrega das algemas foi feita em frente ao MASP (Museu de Artes de São Paulo) a manifestantes que representavam José Sarney (ouro), José Dirceu (prata) e Jaqueline Roriz (bronze).

Manifestar-se é importante. Protestar, necessário. Contudo, conscientizar o povo sobre o que está sendo reivindicado é fundamental. Então, em 17 de março, realizamos o II Congresso Contra a Corrupção. E foi por conta deste evento que conheci pessoalmente o Dr. Ives Gandra

Martins, ele não poderia comparecer ao evento, pois aos sábados, normalmente ele participa de um retiro, mas topou fazer uma entrevista conosco, para ser transmitida no Congresso, à medida que fôssemos falando sobre cada tema.

Troféu "Algemas de Ouro" 2011. Foto: blog Movimento 31 de Julho

O encontro aconteceu no escritório dele, na Alameda Jaú. Nas suas paredes não se vê a tinta, pois tudo é preenchido por seus diplomas, honrarias, livros publicados ou comentados por ele, medalhas e fotos com pessoas como o Papa João Paulo II. Quando Dr. Ives se aproxima, algo de bom já preenche nosso coração, nossa alma, ele tem uma energia diferente.

Ao perguntar qual a mensagem que gostaria de deixar para os mais de 54 mil seguidores que já possuíamos, ele respondeu:

O que há de mais bonito quando se fala em civismo e patriotismo, é lutar pelos princípios democráticos e republicanos. E não há uma República e não há democracia se houver corrupção. Então, cada um deve exercer como se fosse a sua única missão como patriota, como brasileiro, o combate à corrupção e não se importar se os resultados não vierem de imediato. Eu sempre lembro daquela história que eu acho muito bonita, da floresta pegando fogo, todos os animais fugindo e um passarinho ia e pegava água e jogava um pouquinho com seu bico. O Leão perguntou: você acha que vai apagar o fogo?

O passarinho respondeu: não, mas eu faço a minha obrigação. Na verdade, se cada um de nós percebesse que independente do que os outros fazem, nós temos uma responsabilidade com a pátria, eu estou absolutamente convencido que nós teríamos um Brasil muito melhor para nossos filhos no futuro. Cada um tem que se engajar. Eu já sou um velho de 77 anos, mas não me arrependo de ter sempre lutado pela cidadania, com os escritos, conferências, palestras, em livros, eu acho que é a contribuição que eu posso dar, é pequena, eu sei, mas se todos fizermos isso, um dia nós construiremos uma grande nação.

Este vídeo está na *internet* com o seguinte nome: "Trecho da entrevista com Dr. Ives Gandra Martins – II Congresso Contra Corrupção", caso você tenha curiosidade. Mas fato é que eu não consegui terminar aquelas perguntas, caí em pranto pela forma com que ele o disse, o olhar, a vibração de Deus que vinha daquelas palavras. A partir dali, Dr. Ives passou a ser visto por mim, como meu 2º pai.

Neste II Congresso, a Câmara de São Paulo sediou o evento. Novamente contamos com a presença de Hélio Bicudo, de juristas como Dr. Luiz Flávio Gomes, de autoridades, de representantes do Ministério Público, como Dr. Roberto Livianu, e de cientistas políticos.

Em 11 de abril nosso líder em São Luís (MA), Allan Garcês realizou uma Audiência Pública sobre a saúde. Na Assembleia Legislativa do Estado do Maranhão discutimos a necessidade de o poder público olhar com atenção a esta área, tão necessitada e, ao mesmo tempo, negligenciada pelas autoridades. Em 2011 o IDH (Índice de Desenvolvimento Humano) do Maranhão era de 0,649. É verdade que o número cresceu até 2014, quando chegou a 0,678, mas ainda abaixo da média nacional, de 0,744 em 2013. O IDH baseia-se em dados de saúde, escolaridade e renda da população. Quanto mais próximo de 1, mais desenvolvido é um país.

Três dias depois o NasRuas Cuiabá (MT), liderado por Izis Filipaldi promoveu palestras sobre o voto aberto parlamentar, foro privilegiado e a extinção dos Tribunais de Contas de alguns municípios. À época, devido à ineficiência desses tribunais, chegamos a propor a dissolução até mesmo dos estaduais.

Hoje, após debates, estudos e reflexões, defendemos a extinção dos Tribunais de Contas de 4 municípios que ainda os mantêm, e acreditamos na importância dos TCs dos Estados e da União, mas buscamos a aprovação de projetos contra as indicações políticas tanto de conselheiros, como para ministros de tais órgãos.

5.1 - O "Memorial da Democracia", ou, "Memorial de Lula", com dinheiro público

Estávamos na metade de abril, portanto ainda dava para continuar o trabalho. No dia 18, o NasRuas manifestou-se presencialmente na Câmara Municipal de São Paulo contra a cessão de terreno municipal localizado na Rua dos Protestantes para o Instituto Lula. A intenção era de o local abrigar acervo do ex-presidente no que seria chamado de "Memorial da Democracia". O espaço, avaliado em R$ 40 milhões naquela época, tinha uma área de 4,3 mil metros quadrados.

Fizemos vários protestos contra aquela barbárie. Como uma prefeitura iria doar um terreno público tão valioso para um Instituto que tinha por objetivo, travestido de exposição sobre a democracia brasileira, propagar politicamente o nome do ex-presidente petista? E nem que fosse qualquer outro; se realmente houvesse algo de democrático nisso, que também houvesse justa exposição de todos os ex-chefes de Estado do país. Querem fazer algo só para Lula? Ok, mas sem o dinheiro do povo.

Os protestos na Câmara foram recheados de escândalos, Agnaldo Timóteo me chamou de vagabunda, por eu estar protestando em horário comercial. Mal sabia ele que era meu horário de almoço e eu trabalhava a duas quadras dali.

No dia 18 de abril de 2012, o vereador Roberto Tripoli (PV) deu um tapa na cara de um dos manifestantes, porque gritávamos da "arquibancada" da Câmara. Depois disso, o presidente da casa achou, por bem, realizar uma audiência pública para ouvir a população. Marcou o evento durante o horário comercial, justamente para não ouvir quem trabalhasse.

Na ocasião, discursei, falei do absurdo de investirmos dinheiro público em um memorial para alguém que ainda estava (e está) vivo e pedi para que considerassem mudar o nome do Instituto Lula para *Instituto Arquivos do Mensalão*.

Durante todo o ano o NasRuas fez intensas campanhas na Câmara e nas redes para que os eleitores não votassem em políticos corruptos ou que tivessem votado a favor – no caso dos vereadores de São Paulo – da cessão do terreno ao Instituto Lula.

Apesar do então prefeito Gilberto Kassab (PSD) ter sancionado e enviado ele mesmo o projeto ao Legislativo, que o aprovou em 16 de maio, a Justiça agiu contra essa aberração.

O Ministério Público do Estado de São Paulo ingressou judicialmente com ação civil pública, no dia 17 de janeiro de 2014, contra a Prefeitura e o Instituto Lula. Na ação, os promotores Valter Foleto Santin e Nelson Luís Sampaio de Andrade pedem a invalidade da cessão por ausência de legitimidade e regularidade normativa, de legalidade, de igualdade e de tratamento democrático, de impessoalidade, de publicidade informativa e educativa, de moralidade, de eficiência e de adequação ao interesse público da concessão de uso do imóvel ao instituto.

Projeto do que seria o "Memorial da Democracia".
Foto: *site Folha de S. Paulo*

Além da anulação da cessão, o MP pede ainda o arbitramento de indenização pelo uso e pelos gastos de eventual recomposição do terreno e das condições anteriores à concessão e do seu uso indevido, a ser pago pelo instituto e/ou outro responsável.

Eles prosseguiram dizendo que *"não há interesse público devidamente justificado em cessão de imóvel para instalação de Memorial do ex-presidente Lula em momento de escassez de recursos e de terrenos públicos, longe do interesse do povo por melhoria de sua qualidade de vida e efetivação dos direitos sociais"*, e pediram liminar para *"abstenção dos réus de efetivação da concessão de uso do imóvel ou do seu uso para memorial do ex-presidente Lula ou outra utilização ou ocupação indevida"*. Segundo o *Estadão*, queriam fixação de multa diária de R$ 20 mil caso a medida fosse descumprida.

Em 10 de fevereiro, o juiz Adriano Marcos Laroca, da 12ª Vara da Fazenda Pública, acolheu a ação do MP e vetou a cessão do imóvel. O magistrado condenou a atitude da Prefeitura paulistana e afirmou, como publicado no *Estadão*: "Aqui, a primeira triste ironia: a instalação de um memorial da democracia com ofensa a diversos princípios democráticos". Segue mais trechos de sua decisão:

> *A concessão, sem prévia licitação, e no momento político partidário em que desencadeada, revela o patrimonialismo ou neopatrimonialismo do Estado Brasileiro. Existe enorme risco de que o imóvel concedido ao instituto-réu, para a instalação do memorial da democracia seja utilizado preponderantemente para a promoção pessoal do ex-presidente Lula e de seu partido (PT).*
>
> *[...] a concessão está relacionada a um partido que sempre discursou em defesa dos princípios democráticos, embora seja pública e notória, para escapar de injustas generalizações, a presença de indivíduos com posturas democráticas e antidemocráticas em todos os partidos políticos e instituições.*

É claro que os envolvidos não iriam desistir facilmente. Ingressaram com recurso, mas não foi bem-sucedido. Em 05 de março o Tribunal de Justiça, por meio do desembargador Borelli Thomaz, da 13ª Câmara de Direito Público do TJ, manteve a proibição. Borelli afirmou, à revisa Época que "desde logo se entreveem situações de inconstitucionalidade" na cessão do terreno e, ainda, o juiz ordenou que o Município, com "seu poder de polícia", tome medidas para evitar a invasão do imóvel.

Esta ação de agravo, para pedir a cessão do terreno ao Instituto Lula feita pela prefeitura de Fernando Haddad deveria ser considerada, no mínimo, usurpação do poder público. Mas como estamos falando de Brasil...

5.2 - O MENSALÃO DO PT

Encerramos o mês com nova manifestação. No dia 21, unidos a outros movimentos, fomos às ruas em cerca de 80 cidades para pedir pelo julgamento do mensalão e o fim do voto secreto parlamentar. Naquele dia, em que normalmente se lembrava Tiradentes, a Marcha Nacional Contra a Corrupção chamou a atenção da população para essa questão tão importante. A Justiça ainda não havia tomado decisão sobre esse bárbaro esquema de corrupção, descoberto em 2005, no 1º mandato de Lula.

Na capital paulista mais de 20 mil pessoas vieram às ruas, pedir justiça, fizemos um desenho no chão, com pessoas deitadas e formando os dizeres: SOS STF – que foi filmado pelo helicóptero da *TV Globo*. Finalmente uma grande TV cobria um evento nosso, para uma pauta tão importante, mas já no final do protesto, houve confronto entre a Polícia Militar e um grupo de 30 *Black Blocs*, que tentou destruir nosso evento. Àquela época não se sabia do que se tratava, eram mascarados, que não nos ouviam quando pedimos que desobstruíssem as vias da Av. Paulista, em frente ao MASP.

Eu mesma procurei a PM, após tentar dissuadi-los com megafone e pedi que tomassem as medidas necessárias, pois claramente aquele não era nosso público. A Polícia lançou gás lacrimogêneo, meu filho já tinha ido embora com meu pai (sim, era uma manifestação de famílias), e eu ainda estava com minha mãe, que se escondia atrás do vestido, embaixo do vão do MASP, observando o que aconteceria com aquele grupo de rostos cobertos e o corpo cheio de tatuagens.

Os Black Blocs correram em nossa direção e um grupo de policiais veio socorrer a mim e à minha mãe, por perceber, claramente, que se tratavam de grupos antagônicos. Não posso reclamar, houve emoção naquilo tudo, até hoje lembro dos olhos azuis de minha mãe sorrindo por viver algo diferente, ainda que não provocado por ela. Era bonito ver a polícia fazer seu trabalho: proteger o direito de ir e vir e o povo de bem.

No Rio de Janeiro, o número foi de 300 manifestantes; no Distrito Federal, 20 mil, de acordo com os organizadores. Em Goiás e Minas Gerais, 2 mil brasileiros. Novamente, milhares de pessoas por todo o Brasil mostraram indignação e exigiram punição aos responsáveis pelos roubos e, consequentemente, prejuízos causados aos cofres públicos.

Continuamos insistindo na pauta do mensalão. Nos dias 1, 7 e 16 de agosto, juntamente com outros movimentos, o NasRuas organizou vigílias com o objetivo de pressionar os ministros do Supremo Tribunal Federal a tomarem alguma atitude a respeito de um dos maiores esquemas de corrupção do Brasil. Naqueles três dias ficamos no vão do MASP.

Estamos, hoje, seguros de que se não tivéssemos feito vários manifestos, atos, cartas e pressão popular, o STF não teria julgado o mensalão. À época, acreditava-se que Gilmar Mendes e Joaquim Barbosa eram pessoas comprometidas com a punição de corruptos, mas o fato de Joaquim Barbosa ter se colocado veementemente contra o *impeachment* e de Gilmar Mendes insistir em desfazer o trabalho de juízes como Moro e Bretas, nos faz questionar a esperança que um dia depositamos neles.

As vigílias foram transmitidas em TVs como a *Globo*, *Band*, *Record* e publicada em jornais de grande circulação, cada vez com uma mensagem diferente: "SOS STF", "Mensalão", "Justiça STF", "Lula sabia"... esta última havíamos feito com a esperança de que arrolassem Lula no mensalão, mas hoje escrevo com uma forte sensação que tudo fora armado para livrar o chefe da quadrilha, que agora é condenado já em 2ª instância, pelo TRF 4 e possui pelo menos 8 processos por outros delitos cometidos contra o erário.

"As velas são pela questão da imagem porque sabemos que a imagem corre o mundo e passa uma mensagem. Também representam uma esperança de que o julgamento seja justo" – disse Carla Zambelli, do grupo NasRuas – noticiava *O Globo*, na noite de 1 de agosto de 2012.

No canto direito você poderá me ver, de camiseta branca, no meio das pessoas. Foto: *O Globo*.

Alguém tem dúvida que Lula teve sim, envolvimento com o mensalão? Desde 2012 já falávamos sobre o assunto e hoje é notório que Joaquim Barbosa, enquanto relator da Ação Penal 470, com a ajuda do revisor, Ricardo Lewandowski, ajudaram Lula a se safar deste processo que poderia ter evitado a reeleição de Dilma, além da eleição de diversos prefeitos e vereadores no ano de 2012.

Saber que agora Joaquim Barbosa quer se candidatar posando de salvador da pátria do mensalão é um escárnio. Ele livrou Lula e Dilma e ainda se livrou do Supremo Tribunal Federal logo depois, passando a cobrar R$250 mil para cada parecer que ele emite, com filas para fazê-los.

Conseguimos o nosso propósito, que era fazer com que o julgamento terminasse até o início das eleições de 2012, mas se Lula estivesse no processo como deveria estar, provavelmente em 2013 o PT teria diminuído tanto quanto ocorreu nas eleições de 2016, quando o PT perdeu 50% de seus cargos eletivos. Veio com atraso o nosso intento, mas pouco a pouco estamos conseguindo mostrar ao povo brasileiro que esse partido que veio com o discurso da ética, da moral e do combate à corrupção, se tornou exatamente tudo aquilo que dizia repudiar.

Já no final de 2012, em 09 de dezembro, participamos da "Bicicletada Contra a Corrupção". Queríamos dar visibilidade e apoiar o EPOCC (Estatuto Popular Contra a Corrupção) e o Ministério Público. O Estatuto é um PLIP (Projeto de Lei de Iniciativa Popular), que pede por medidas eficientes que erradiquem a corrupção no país. Infelizmente, até o momento, não conseguimos resultados positivos. No projeto constam os seguintes itens:

1) Criminalizar o enriquecimento ilícito;
2) Criminalizar o estelionato e a corrupção eleitoral;
3) Ampliar as tipificações de crimes de desvio de ativos públicos;
4) Instituir a responsabilidade penal de pessoas jurídicas e partidos políticos envolvidos; em crimes de corrupção e agravar, com extremo rigor, as penalidades;
5) Criar mecanismos de aceleração dos processos penais relativos à corrupção e diminuição da ocorrência de casos de impunidade;
6) Estabelecer sistema de prevenção destes crimes através da educação nas escolas.

Se você observar de perto, verá que há muita semelhança com as 10 medidas contra a corrupção, que surgiu anos depois. Mas infelizmente foi mais uma iniciativa sem sucesso. E fomos aprendendo, pouco a pouco, que o importante não eram as vitórias, mas travar batalhas de coração, ainda que não "apagássemos o fogo na floresta", como dizia a história do Dr. Ives.

Mais um ano se encerra e as expectativas de vida melhor renovam-se. O NasRuas seguia firme em seus ideais, trabalhando por uma nação mais justa. Aquele 2013 prometia ser um marco na história do país. Estava para acontecer a maior das manifestações, num momento em que o povo já não aguentava mais.

CAPÍTULO 6

2013, O DESPERTAR DO BRASIL

Se você tiver lido o capítulo anterior, terá percebido que o povo já havia começado a acordar. A Copa das Confederações, que começou a mostrar o mau uso do dinheiro público só deu o pontapé final que faltava para o povo sair em peso às ruas.

Logo no começo do ano, fevereiro de 2013, Renan Calheiros foi eleito presidente da casa com 56 votos. Dois dias depois, em sua primeira aparição pública, ele foi xingado de "safado", "sem vergonha" e "ladrão".

No dia 20 de fevereiro conseguimos, em conjunto com outros movimentos, 1,6 milhão de assinaturas para pedir a cassação do mandato de Renan Calheiros, que já contava com quase uma dezena de representações na comissão de ética.

Seis anos antes disso, Renan Calheiros já havia renunciado à presidência para fugir da sua cassação. E até os dias atuais, ele continua incólume, mesmo tendo se tornado réu em 1º de dezembro de 2016.

Alguns meses depois, o Movimento Passe Livre iniciou manifestações por conta do aumento da tarifa dos ônibus e aqueles protestos se espalharam pelo Brasil todo. O NasRuas se fez presente, dando voz aos que clamavam pelo fim da corrupção. O grito dado em São Paulo e em vários cantos do Brasil, não apenas em um dia, mas em várias datas de junho e julho, era de respeito para com a população.

O Movimento Passe Livre intentava escrever em nossa história que as milhares de famílias que saíram às ruas o fizeram por quererem reforma urbana e rural, tarifa zero de ônibus, mais Estado patriarcal e, também, para defender pautas que só interessam a grupos que querem viver do suor alheio, a legítima esquerda venezuelana.

E isso está provado nas fotos dos álbuns do NasRuas no *Facebook*:

A foto acima mostra que o NasRuas tinha uma galera jovem em SP que nos representou. Abaixo, provando que não era pelos R$ 0,20 – um mote que pegou!

E aqui, mostrando que desde aquela época, o NasRuas não era contra a Polícia Militar, muito pelo contrário, os vândalos não nos representavam:

Queria muito me lembrar os nomes de todos os voluntários da época, mas não nos comunicávamos pelo *WhatsApp* e sim pelos grupos do *Facebook*, além disso, troquei de celular algumas vezes, perdendo contatos e por fim fiz uma cirurgia que apagou muita coisa da minha memória. Espero que essas pessoas das fotos guardem a sensação, até hoje, de terem feito a história neste país.

Me lembro a primeira vez que vi a rua lotada, era jogo do Brasil em Salvador, 22 de junho de 2013, e eu estava lá a trabalho, mas avisei oficialmente a PM e postei no *Facebook* para irmos todos até o estádio da Fonte Nova, saindo da praça do Teatro Castro Alves.

Meu colega de trabalho, João Leite e sua esposa estavam comigo e mais alguns amigos, no Dique do Tororó. A PM percebeu nosso intuito e nos cercou para que ninguém pudesse chegar até o Estádio, chamando, assim, a atenção da imprensa internacional. Negociei com o coronel Nascimento para que liberassem as crianças e idosos, pois os *Black Blocs* tentavam furar o bloqueio da polícia, que reagia com gás lacrimogêneo. Os mesmos mascarados que tentaram estragar a manifestação de 21 de abril de 2012; sua forma de agir era a mesma, com violência, sem respeitar a política e pautas que não defendiam a ética e o bom senso.

Eu notava que a polícia não queria aquela situação, a ordem "vinha de cima", do governo do PT, que plantaram também os *Black Blocs* para acabar com a idéia de todos se manifestarem pacificamente, mas por já tê-los enfrentado no ano anterior, conhecia sua forma de agir.

A intenção deste grupo que não mostra o rosto é só uma: tentar criar caos e pânico na população, para dispersar as pessoas que querem se manifestar de forma ordeira, com uma pauta justa e para que a imprensa noticie que a esquerda tomou conta do ato.

Não foi pelo aumento da tarifa de R$0,20 na passagem de ônibus na capital paulista, mas também por causa de todos os desmandos, descuidos e de toda a ineficiência que, àquela altura do campeonato, já estavam nítidas. O saldo foi de mais de 1,5 milhão de brasileiros nas ruas.

Soube-se por várias fontes que os baderneiros presos num dia eram soltos por assessores de parlamentares de todas as esferas, no dia seguinte. Todos os partidos se juntaram, porque notaram o quanto o povo estava naquela batalha para ganhar e não havia um partido como alvo, todos eles estavam envolvidos de alguma forma. Todos os governadores se beneficiaram das obras superfaturadas da Copa e até hoje isso não foi investigado.

A violência começou a se generalizar e Dilma foi em rede nacional dizer que gostaria de "dialogar" com os grupos responsáveis pelas manifestações. Nesta época, o NasRuas criou uma lista de solicitações, que deixarei no final deste capítulo, com uma carta que foi protocolada no Palácio do Planalto por nosso então líder do NasRuas DF, Lucio Big.

Peço mil desculpas aos leitores por nossa carta assassinar o português logo no começo, não me lembro mais porque está escrito "presidenta" ao invés de presidente. Acredito que quem redigiu a carta (este alguém não fui eu), não se preocupou com o português e sim com a possibilidade de ela realmente nos receber.

À época, acreditávamos que com alguma boa vontade, seria possível que o executivo fizesse boas reformas, propusesse realmente uma agenda positiva ao Congresso. Ledo engano.

A esquerda tinha iniciado os protestos e a própria esquerda, quando viu o canhão virado contra si mesma, tratou de acabar com a genuinidade das manifestações.

Dilma recebeu *todos* os movimentos da esquerda, desde os sem-terra, que sequer participavam das manifestações, até o Passe Livre, responsável pelo início do chamado, pela tarifa. E nunca respondeu nosso pedido de audiência. Este é o PT do diálogo? Acho que não.

A Polícia Militar da Bahia me chamou para interrogatório, por conta do quebra-quebra de 22 de junho, mas felizmente o coronel com quem negociei a saída de idosos e crianças estava presente e se lembrou das minhas tentativas de persuadir as pessoas a não quebrarem ônibus, seus pontos, lojas, incendiar a rua etc. Me liberaram e nem sequer abriram inquérito; eu era uma das poucas que estava ao lado deles, na liderança dos protestos que envergonharam nosso país por sua falta de cuidado com o bem público.

EXCELENTÍSSIMA PRESIDENTA DA REPÚBLICA FEDERATIVA DO BRASIL
SENHORA DILMA ROUSSEF

PALÁCIO DO PLANALTO – BRASÍLIA-DF

Referência: Promessa de ouvir o clamor das ruas.

Senhora Presidenta,

A propósito da promessa de Vossa Excelência em ouvir a sociedade, temos o orgulho de lhe comunicar que a ouvimos atentamente e após um rápido processo democrático de consulta a alguns grupos de ativistas e ciberativistas que, ao nosso lado, tem travado incansável luta contra a corrupção no Brasil e resto do mundo, resolvemos pedir-lhe, respeitosamente, a oportunidade de uma audiência para lhe entregar pessoalmente as nossas reivindicações.

Há cerca de dois anos, quando surgiram os primeiros grupos de ativistas anticorrupção nas ruas e nas redes sociais, lá estávamos nós organizando os Movimentos NasRuas, Revoltados OnLine, Pátria Minha, Corrupção é Crime Hediondo, Força de Paz Pela Democracia e Contra a Corrupção, o 31 de Julho e outros, mobilizando pessoas para protestar contra esse mal que vem corroendo a base da credibilidade nas Instituições democráticas e republicanas. Hoje, segundo dados das próprias operadoras das redes sociais, os nossos grupos somados conseguem atingir uma abrangência superior a dez milhões de pessoas.

Na semana passada, o Brasil foi às ruas para manifestar sua indignação contra a corrupção e a impunidade (65% dos manifestantes segundo o IBOPE) e a favor da melhoria dos transportes públicos (53%). Esses dados demonstram com clareza que fomos nós os primeiros a nos mobilizar na direção deste que é o maior clamor popular brasileiro e a convocar mobilizações nacionais para manifestar nossa indignação contra a corrupção nas ruas e praças do Brasil. E hoje, nossa luta contra a corrupção evoluiu para uma proposta de Projeto de Lei de Iniciativa Popular do Estatuto Popular Contra Corrupção – EPOCC, que queremos entregar a vossa excelência.

Mas queremos levar a vossa excelência, além do EPOCC, a pauta completa que elaboramos em conjunto com diversos movimentos de combate à corrupção.

Por tudo que lutamos e pelo que acreditamos no nosso País e no histórico de nossos companheiros, sentimo-nos habilitados a ecoar com fidelidade à Vossa Excelência, o clamor que estamos manifestando e ouvindo nas ruas e nas praças brasileiras, em razão do que vimos solicitar uma oportunidade de manifestá-lo, respeitosa e diretamente à senhora, em dia, horário e local de sua preferência.

Brasil, 27 de Junho de 2013.

Porta Vozes:

Carla Zambelli - carlazambelli@uol.com.br - (11) 989 462 449
Fernando Di Lascio - fernando@dilascio.com.br - (11) 996774801
Lúcio Duarte Batista - luciobig@terra.com.br - (61)9989-2927

No último dia daquele mês o NasRuas de São Luís do Maranhão protestou, junto a um grupo de médicos e alunos de medicina contra a importação de médicos cubanos. Acreditamos que o Brasil precisa de uma reestruturação em sua área da saúde, com respeito ao dinheiro público, oferecendo uma gestão eficiente e honesta, que saiba designar a verba corretamente para todos os locais.

Não é a importação de médicos que irá resolver o problema da saúde no país, mas sim, melhorar as condições de trabalho dos médicos que já temos aqui. Dinheiro para isso nós temos, verbas não faltam, mas a corrupção e a incompetência operam sem piedade, matando milhares de pessoas por todo o Brasil, não só nos rincões do país, mas também nas grandes capitais. O problema, em geral, não está nos profissionais brasileiros, mas sim na forma com que a área é gerida. Hoje faltam motivação, tecnologia, recursos, gestão, prevenção e investimentos para os médicos atuarem.

Após os grandes protestos de junho, diversos outros foram realizados pelo Brasil. Apesar do número reduzido de participantes, o que marcou foi que quase sempre havia alguma manifestação em algum lugar. E o NasRuas fez parte de tudo isso. Em 2 de julho, novamente estivemos em Salvador (BA), no protesto "Salvador Contra a Corrupção".

Protesto no dia 2 de fevereiro de 2013, em Salvador — Carla Zambelli liderava a manifestação.

Com os protestos acontecendo sem parar, o Congresso começava uma "agenda positiva", votando para que a corrupção se tornasse crime hediondo, mas entrou em recesso e nada mais aconteceu como deveria.

Neste mesmo mês, enquanto o Congresso ainda passava por recesso branco, Renan Calheiros colocou sua nora como assessora em uma nomeação do Senado, que lhe rendia um salário de R$ 17 mil mensais, mesmo estando às vésperas de dar a luz ao neto do ex-presidente da Casa.

Nossa única conquista foi realmente a aprovação da Lei número 12.850, de 2 de agosto de 2013, que definiu organização criminosa, os meios de obtenção da prova, infrações penais correlatas e o procedimento criminal. A lei que fez toda a diferença para que a Lava Jato pudesse ter tanto sucesso com as delações premiadas. Esta era nossa maior conquista desde 2011 e nem sabíamos.

Recesso adia 'agenda positiva' adotada no Congresso após atos

Projetos acelerados em resposta às ruas serão votados só em agosto

POR JULIANA CASTRO
17/07/2013 8:00 / atualizado 17/07/2013 11:31

Críticas a dois projetos

Integrantes de grupos que foram às manifestações estão acompanhando o comportamento da Câmara e do Senado e afirmam que continuarão fiscalizando a ação dos parlamentares após esse recesso branco. Eles dizem acreditar que as propostas em tramitação, se aprovadas, vão vingar, mas não pela boa vontade dos políticos.

— Os projetos vão sair do papel, não pela eficiência ou sentido de justiça de nosso legislativo federal, mas sim porque acredito no povo, que não descansará enquanto não tiver os planos aprovados e em curso — disse Carla Zambelli, do Movimento Nas Ruas.

Matéria de *O Globo*, por Juliana Castro. Carla Zambelli já era reconhecida como liderança das manifestações de 2013, em detrimento ao Movimento Passe Livre.

Mas naquele ano, depois de tanto quebra-quebra dos *black blocs*, já não sentia mais vontade de sair às ruas, via o dinheiro do meu trabalho sendo investido em algo que, enquanto o povo não acordasse de verdade e sem baderna, de nada adiantaria gastar nossos esforços e recursos. Mal sabia eu que foram justamente aquelas manifestações que tornariam viável a maior operação contra o crime organizado de todos os tempos: a Lava Jato.

CAPÍTULO 7

A FRAUDE NAS ELEIÇÕES DE 2014

Chegou o ano da talvez mais imprevisível, corrupta e suja eleição presidencial da nossa história. 2014 ficou marcado por um embate pesado entre os adversários políticos, que se acusavam com ofensas pessoais e, por vezes, mentirosas. A mídia empenhou-se fortemente na tentativa de enaltecer um presidenciável e rebaixar outro. Naquele ano, no qual já eram claros os desvios de dinheiro (em 2014 foi dado o pontapé inicial da maior operação contra a corrupção do Brasil, a Lava Jato), o anseio por mudança era forte.

As primeiras denúncias e prisões começaram a acontecer, e revelações que muitos já desconfiavam passaram a ser frequentes. O império petista, no qual o chefe maior era, e ainda é, Luiz Inácio Lula da Silva, dava os primeiros passos rumo à ruína. Contudo, antes disso, era necessário que seu boneco, chamado Dilma Rousseff, vencesse novamente a eleição.

Variados debates tornaram-se frequentes a partir daquele ano. Movimentos de esquerda e extrema-esquerda trouxeram à tona pautas polêmicas que violam toda a normalidade de uma sociedade. Valores, regras e a moral começaram a ser relativizados e questionados – sim, podemos questionar, mas deturpar? Não. Lutar pela inversão de valores? Não.

Legalização do aborto, feminismo, liberação de drogas, defesa de marginais, desvalorização da Polícia, relativização da família... Coisas inimagináveis. Essas abordagens, por mais que fujam da pauta econômica, fazem parte da construção de um povo. E elas eram, e são, itens da agenda não só petista, mas do Foro de São Paulo, que por muitos anos fomos julgados como idiotas por acreditar em sua existência. Abordaremos isso mais para frente.

Aquela turbulenta e dramática eleição, na qual lutamos duramente pela queda do Partido dos Trabalhadores, havia se encerrado e Dilma vencera, de acordo com o resultado das totalmente desconfiáveis urnas eletrônicas. O NasRuas nunca aprovou o Aécio como uma opção valiosa ou desejada, mas era a única possível naquele momento, para derrotar o partido que há 12 anos aumentava o Estado, nossos impostos e seus roubos.

Mesmo com o resultado nitidamente fraudado das eleições, o NasRuas não parou. Persistimos em protestar contra o PT e sua classe corrupta, que dominara o Estado e passara a controlar tudo o que era público.

Juntamente com vários movimentos, demos início às manifestações pelo *impeachment* de Dilma Rousseff. O primeiro protesto foi em 1º de novembro. Eu estava trabalhando em um projeto no Estado da Paraíba, mas gravava vídeos conclamando as pessoas a irem para as ruas. Durante as eleições dois movimentos que viriam a crescer muito, passaram a protagonizar as manifestações pós-eleição. O NasRuas começou a postar *banners* e vídeos pedindo a saída do PT; o assunto ainda parecia absurdo à época. Como assim derrubar um presidente? Ela havia acabado de "ser eleita". O Congresso estava com a petista, o governo dominava de "A" a "Z" com a distribuição de ministérios, mensalões, cabides em empresas estatais.

Não, não era verdade. Podia dominar quase tudo, mas um homem não se rendeu ao PT nem a seus aliados. Sergio Moro passou a ser uma esperança, que fez com que o povo acordasse novamente. O mais importante de toda a nação não estava completamente nas mãos do PT. Falo do povo, que foi fundamental para derrubar todas as prisões trancadas pelo partido de Lula. Fomos às ruas em 1º, 15 e 29 de novembro. Era só o início.

Além de todas essas atividades, o NasRuas reiterou apoio ao Estatuto Popular Contra a Corrupção, realizando, durante 2014, várias ações de pressão, conscientização e de mobilização popular.

Mas o pior estava por vir, com todas as descobertas. O ano seguinte seria imprescindível para o Brasil se livrar deste governo que existe somente para se perpetuar no poder e servir-se dele.

CAPÍTULO 8

A GUERRA É DECLARADA CONTRA O PT EM 2015

Se no ano anterior a população já começava a mobilizar-se em prol do *impeachment*, em 2015 a 5ª marcha foi engatada de vez. Com denúncias e mais denúncias contra o PT na Lava Jato, o desemprego aumentando, a gasolina indo às alturas e o descobrimento da pedalada de Dilma (o que é motivo para queda de presidente), os brasileiros não aguentaram mais e decidiram: era hora de dizer "basta" àquele governo.

Com todos os poderes corrompidos, STF e PGR que não julgavam absolutamente nenhum caso da Lava Jato, o Legislativo vendido e o executivo sugando todas as nossas reservas, cheguei a pensar em intervenção militar, um golpe de Estado mesmo.

Fui me aconselhar com Dr. Ives, nosso mentor dos momentos difíceis e com sua explicação percebi que esta solução não viria, não chegaria a acontecer. A Comissão da Verdade julgou como quis o regime militar e as Forças Armadas não tinham respaldo na Constituição para tal ato. O artigo 142 fala em intervenção em um dos poderes, caso esteja se sobrepondo a outro e ainda assim, só funciona se o poder prejudicado solicitar o apoio das Forças Armadas.

A única forma era essa: colocar uma multidão nas ruas. Um movimento virtual começou pequeno, falando do dia 15 de março de 2015, com o advento do *WhatsApp*, que antes não era tão pulverizado, esta data tomou força e vários movimentos se organizaram para estar na Av. Paulista e outras capitais do Brasil. O NasRuas se organizou em várias cidades para participar do que seria o primeiro grande ato pelo *impeachment*. Alguns movimentos não falavam ainda em *impeachment*, como o Vem Pra Rua, mas citava os casos de corrupção do governo.

Manifestação cobriu a Av. Paulista de verde e amarelo.
Foto: *Folha de S. Paulo*

Multidão em Brasília. Foto: *Folha de S. Paulo*

O Brasil inteiro, de Norte a Sul, Leste a Oeste, do Oiapoque ao Chuí, saiu de casa e, vestido de verde e amarelo, carregando bandeiras do país, cartazes contra a corrupção, narizes de palhaço, com os rostos pintados com as cores da nação, disse: "Fora Dilma! Fora PT!". Segundo dados das Polícias Militares das cidades aonde houve protestos, foram mais de 1,9 milhão de pessoas! Só na Av. Paulista, em São Paulo, mais de um milhão de brasileiros! Era algo inacreditável, surpreendente e lindo.

Finalmente a sociedade acordara de vez! Enfim enchemo-nos de coragem e, após anos, reunimos quase dois milhões! Emocionante. Teve protestos até de brasileiros que moram no exterior, como em Nova York, Londres, Paris e Buenos Aires.

O 15 de março ultrapassou as fronteiras e chegou, também, a Nova York.
Foto: *G1*

O governo, é claro, ficou aterrorizado com aquilo. Dilma, que já tinha sido impactada com o que acontecera em 2013, ficou assustada com 2015. Com certeza um ano que ela não vai querer guardar na memória. A solução encontrada foi escalar dois ministros para falar com a imprensa, o que não deu muito certo. Um forte panelaço foi feito pelos quatro cantos do Brasil durante o pronunciamento dos enviados pela petista.

Na mesma semana os sindicalistas pró-PT fizeram um ato em defesa de Dilma. Mas, a quantidade de *mortadelas* (como passaram a ser chamados os defensores daquele partido, por conta do pão com mortadela que eles ganham da CUT por participarem dos eventos) foi insignificante: segundo a PM, em torno de 12 mil na Av. Paulista.

Menos de um mês depois, no domingo, 12 de abril, estávamos novamente por todo o país, a manifestação foi chamada pelo MBL, sem combinação prévia com os outros movimentos, mas que aderiram em nome do combate à corrupção.

Antes de começar a manifestação, o NasRuas escreveu com cal (que sai com a chuva) os seguintes dizeres, perto da rua da Consolação:

Foto de capa da *Veja* na matéria de 12 de abril de 2015

Neste dia conheci Tomé Abduch, que foi uma das pessoas mais importantes para o Movimento NasRuas crescer. Ele desenhou a dimensão que não imaginávamos à época e nos empurrou rumo a algo maior. Ele me estimulou a acreditar que era sempre possível fazer mais! Quem nos apresentou foi um amigo muito querido por toda minha família, John

Simão, que ficou por alguns meses no movimento, nos orientou bastante e saiu porque seu coração era tão bom que não queria se deixar contaminar pela revolta que a proximidade com as notícias péssimas sobre política gera em alguns.

Por conta do pouco tempo de divulgação do 12 de abril, e das tentativas diversas de abafarem nossa comunicação, o número foi menor, mas a força permaneceu a mesma. E a pauta também: "fora PT!" A PM contabilizou quase 700 mil pessoas em todo o Brasil.

Com Policiais Militares que garantiam a segurança na manifestação.

Às vésperas desta manifestação, foi formada a Aliança Nacional dos Movimentos Democráticos, mais de 40 participantes, de todo o país, para redigir uma carta em conjunto que seria lida durante a semana, após a manifestação, com o intuito de deixarem transparentes nossas intenções.

A iniciativa foi de alguns integrantes do Vem Pra Rua, o MBL fez parte logo no começo, mas havia uma dificuldade de fechar as pautas conjuntas, o VPR ainda não queria falar em *impeachment*, mas foi vencido pela maioria.

Na quarta-feira seguinte, dia 15 de abril de 2015, houve um pequeno racha entre os movimentos, alguns bons movimentos deixaram a Aliança, pois um jornal de grande circulação publicou que a carta seria lida pelo porta voz do VPR, no entanto, havia uma combinação de se dividirem os temas. No final das contas, a carta foi lida por algumas pessoas de diferentes movimentos e regiões do país, inclusive representante do NasRuas. Estava presente também Janaina Lima, que no ano seguinte se candidatou a vereadora pelo Partido Novo, vencendo a eleição.

O Movimento NasRuas aproveitou aquele dia e o momento para apresentar o primeiro pedido de *impeachment* contra Dilma. Convidamos outros movimentos, que acharam a ideia prematura, as pedaladas já estavam sendo investigadas por Julio Marcelo, do TCU, mas o nosso pedido estava relacionado ao caso da compra da refinaria de Pasadena. O advogado João Neto em poucos dias trabalhou sobre o parecer de Dr. Ives Gandra Martins e Edson Claro protocolou o pedido em nome do NasRuas.

À época da compra, o Conselho de Administração da Petrobrás era comandado pela então ministra da Casa Civil Dilma Rousseff e, anos depois, fora acusado de "ato de gestão irregular" no processo. Em agosto de 2017, porém, o relatório de analistas do Tribunal de Contas da União (TCU) e do Ministério Público de Contas isentou o Conselho de culpa.

Ficamos indignados com um fato ocorrido nove dias depois, em Ouro Preto (MG). O líder do MST (Movimento dos Sem Terra) João Stédile foi condecorado com a medalha da Inconfidência. O evento acontece todo dia 21 de abril no município citado. A cerimônia tem por objetivo relembrar o mártir Tiradentes e homenageia pessoas que, de alguma maneira, prestaram relevantes serviços para o país.

Mas, como assim, Stédile? O que ele fez para promover o desenvolvimento do Brasil? Sabemos que o movimento encabeçado por ele é responsável pela degradação de propriedades rurais privadas. Esses invasores querem para si o que não é deles. Destroem plantações, moradias, aterrorizam as pessoas... Em manifestações políticas urbanas favoráveis ao PT e seus membros, recebem dinheiro público para fazer número, entram em confronto com a polícia, quebram lojas e o comércio em geral. Em que isso colabora para uma nação melhor?

O NasRuas Minas Gerais não ficou calado e protestou contra esse evento, apoiando movimentos mineiros como o grupo Patriotas. Além de ofender a memória de Tiradentes, zomba da cara dos brasileiros. Inaceitável.

Ainda no mês de abril, fizemos um ato em frente à Polícia Federal de SP, levamos flores aos delegados e policiais, demonstrando nosso apoio. Na foto abaixo é possível ver as flores comigo e meu filho ao meu lado, que ganhou um carrinho da PF, presente que mantém até hoje como um troféu em seu quarto. Devemos criar nossos filhos para respeitarem a polícia, terem orgulho! Essa é diferença entre o certo e o errado, nem digo direita e esquerda, por motivos óbvios.

Polícia Federal de SP, dia 29 de abril de 2015.

Em 3 de maio, unido a outros movimentos, o NasRuas protestou contra Dilma e o governador de Minas Gerais Fernando Pimentel (PT), na abertura da Expozebu em Uberaba (MG). Não aceitávamos mais sermos governados por um partido tão mentiroso e corrupto como o PT. Entendemos que não há legendas partidárias "santas", contudo o Partido dos Trabalhadores era o que governava o país na época e é o responsável por tantas desgraças ocorridas no país nos últimos anos.

A ALESP (Assembleia Legislativa do Estado de São Paulo) foi sede do 3º Congresso Contra a Corrupção, realizado pelo NasRuas nos dias 15 e 16 de maio. Foram debatidos os temas "*Impeachment* e situação da política atual", "Direita e esquerda no Brasil e o novo liberalismo", "Os escândalos de corrupção pós-Diretas Já", "O papel do Judiciário e do Ministério Público no combate à corrupção", "Reforma política", "A fragilidade das urnas eletrônicas brasileiras", "Voto seguro", "O papel da Polícia Federal no combate à corrupção" e "Propósito e engajamento".

Desta vez tive a sorte de contar com a presença do Dr. Ives Gandra Martins em pessoa, que abriu o evento e trouxe dezenas de fãs. Participaram do evento também o Professor Adilson Abreu Dallari, Marco Antônio Villa, Fernando Schüler, Roberto Livianu, o juiz de Direito Alexandre Carneiro da Cunha Filho e outros grandes nomes.

No mesmo mês, houve a 1ª Convenção Nacional da Aliança Nacional dos Movimentos Democráticos e tive a honra de ser uma das conselheiras por votação entre os movimentos participantes. O evento aconteceu em Brasília no dia 28 de maio, no qual houve uma conversa com deputados da oposição e, na sequência, a nossa reunião, que teve a participação de vários brasileiros demonstrando indignação com a atual situação e propondo melhorias.

As ruas sempre foram o palco para as grandes manifestações. No entanto, nem sempre conseguimos mobilizar uma quantidade de gente realmente expressiva para sair de casa. Para ajudar nesse engajamento e para formar um novo jeito de pressionar os políticos em relação a uma determinada causa, a *internet* mostrou-se eficaz. E uma das maneiras utilizadas para agregar os comentários é a utilização das *hashtags* (#). Todos que utilizam uma *hashtag* específica terão suas mensagens agrupadas em uma página, o que colabora para ver como está a repercussão de um assunto.

No dia 16 de junho estivemos em frente ao TCU (Tribunal de Contas da União), em Brasília, para pedir pela reprovação das contas do governo Dilma Rousseff do ano de 2014, o que aconteceu quatro meses depois, com o voto dos oito ministros do órgão. Teve protesto também em outras cinco capitais e foi promovido pelo NasRuas, com o apoio de outros movimentos. Assim como nas outras manifestações, utilizamos das redes sociais para pressionar. A *hashtag* escolhida foi: #ReprovaTCU.

1ª Convenção da Aliança Nacional dos Movimentos Democráticos

CAPÍTULO 9

O FLERTE DO PT COM A DITADURA DE NICOLÁS MADURO

Sabemos da gravidade da situação vivida no Brasil, após tantos roubos e tanta ineficiência por parte das autoridades. Infelizmente, porém, não é só nosso país que vive debaixo de aflição. Na América do Sul temos outras nações que enfrentam problemas até piores que os nossos. O regime socialista, tão adorado pela esquerda e por muitos políticos da nossa região, é a principal causa para tantas repressões. A Venezuela é um claro exemplo disso.

Os venezuelanos, que são nossos irmãos, estão, ainda em 2017, debaixo de uma ditadura feroz e malvada. A ideologia seguida por Nicolás Maduro colocou aquele território num estado de absoluta recessão e pobreza. Em nome da "igualdade social", o ditador igualou aquela gente na extrema miséria. Não há o que comer, nem onde trabalhar. Não há saneamento básico, muito menos higiene.

A Venezuela é um exemplo vivo e prático para nossa época do resultado obtido ao se implantar o socialismo. Os chefes dos locais que aderem a essa perversão prometem o paraíso para o povo, porque é o paraíso que é pregado na teoria socialista. Entretanto, na prática, o objetivo final é promover o caos e, em seguida, apresentar-se como o salvador da pátria. E é aí que o comunismo passa a dominar.

Venezuela, governada pelo ditador Nicolás Maduro, em crise.
Foto: *O Globo*

Solidários àquela gente e aos políticos que lutam na linha de frente pela restauração da Democracia na Venezuela, os movimentos NasRuas, Quero me Defender e Brasil Melhor protestaram em frente ao Consulado venezuelano no Brasil, em 18 de junho, contra o cerceamento imposto aos senadores brasileiros de oposição que estavam na Venezuela. Isso porque, além de reprimir os políticos locais, a ditadura de Maduro imputava restrições a parlamentares brasileiros que queriam, de alguma forma, ajudar aquela nação. Também, na manifestação foi demonstrado apoio ao líder opositor venezuelano Leopoldo López, que até hoje está preso.

Este é outro ponto crucial que justifica nossa posição contrária ao PT e à esquerda. Eles amam criticar o regime militar brasileiro, que matou menos de 500 pessoas no período de 1964 a 1985, sendo a maioria formada por guerrilheiros, que queriam implantar o comunismo aqui. Guerrilheiros como Dilma Rousseff e Aloyzio Nunes (PSDB), hoje ministro das Relações Internacionais do presidente Michel Temer (PMDB), quebraram patrimônios públicos e privados, foram treinados pelo regime socialista e defendiam uma ditadura travestida de democracia.

O PT nunca foi capaz de manifestar-se firmemente contra as ações que têm destruído a nação venezuelana. Nunca tiveram a dignidade de repudiar Nicolás Maduro e o que ele fez e segue fazendo. No dia 16 de julho de 2017, no 23º encontro do Foro de São Paulo, realizado na Nicarágua, a presidente do Partido dos Trabalhadores, Gleisi Hoffmann, ré na Lava Jato, declarou, em nome do PT, como informa a *Folha de S. Paulo*, "apoio e solidariedade ao governo do PSUV [Partido Socialista Unido da Venezuela], seus aliados e ao presidente Maduro frente à violenta ofensiva da direita".

Estava para ser votada a nova Assembleia Constituinte da Venezuela, proposta pelo governo ditador. E Gleisi fez questão de reafirmar o apoio particular e do partido àquela repressão. "Temos expectativa de que a Assembleia Constituinte possa contribuir para uma consolidação cada vez maior da Revolução Bolivariana e que as divergências políticas se resolvam de forma pacífica". A *Folha* noticiou que um setor do PT e Lula não gostaram da afirmação da presidente, porque defendiam "a neutralidade do governo brasileiro em busca de uma solução pacífica para a Venezuela".

Por que neutralidade? Qual a dificuldade de dizer *não* ao regime socialista de Nicolás Maduro? Simples: porque no Brasil o PT tem a mesma ideologia.

O NasRuas, porém, reforça, neste livro, seu total apoio e solidariedade ao povo venezuelano e deseja, com o mais sincero sentimento, que esse caos seja aniquilado o mais rápido possível. Continuaremos dando sustentação naquilo que pudermos. Temos, inclusive, uma unidade do movimento naquele país. Que Deus os abençoe e tenha misericórdia.

CAPÍTULO 10

DE VOLTA AO BRASIL...

Voltando a 2015, no dia 19 de junho, o juiz Sérgio Moro, comandante da Lava Jato, determinou a prisão preventiva de Marcelo Odebrecht e Otávio Marques Azevedo, donos das maiores empreiteiras do Brasil, a Odebrecht e Andrade Gutierrez, respectivamente. O motivo? Crimes de formação de cartel, fraude a licitações, corrupção, desvio de verbas públicas e lavagem de dinheiro, entre outros. No despacho, Moro afirmou que "considerando a duração do esquema criminoso, pelo menos desde 2004 (...) e o valor milionário das propinas pagas aos dirigentes da Petrobras, parece inviável que ele fosse desconhecido dos presidentes das duas empreiteiras". As informações foram retiradas do *site Consultor Jurídico*.

O NasRuas, mais uma vez, mostrou-se presente. Em frente à Odebrecht, no dia 21, o pedido feito, junto a outros movimentos, era que Marcelo delatasse os envolvidos nos desvios da Petrobrás. O ato foi denominado #FalaMarcelo. Essa expressão foi, inclusive, escrita com a utilização de velas, presentes em vários atos nossos.

Dei entrevistas para alguns canais de TV e para grandes jornais, o que me gerou sérios problemas no trabalho, pois a Odebrecht era, então, um dos clientes da KPMG, onde trabalhava naquele momento.

#FalaMarcelo. Foto: Brasil NasRuas

Para ser mais exata, alguns dias depois fui enviada a uma reunião com o cliente Braskem, que envolvia várias áreas da KPMG. Eu só tinha o endereço em mãos: Rua Lemos Monteiro, 120. Butantã, São Paulo, SP, 05501-050 – me dirigi até lá e para minha surpresa, era o mesmo prédio onde eu havia feito, há poucos dias, uma manifestação pelo #FalaMarcelo.

Entrar naquele saguão já me fazia um certo mal, era como se eu estivesse num covil que não me pertencia. Pensei em voltar, mas já avistei alguns consultores e um sócio da empresa, na fila para pegar os crachás. Éramos seis pessoas, fiquei no final da fila e observei como eram entregues os crachás para subirmos. Bastava entregar o RG e em seguida, retirar o crachá. Quando chegou a minha vez, o rapaz olhava para a tela e para minha cara, para a tela e para minha cara... pegou o telefone e pediu que aguardássemos em um sofá do saguão. Meu coração batia forte, mãos suadas. Eu não estava fazendo nada de errado! Mas trabalhar com parceiros de alguém que eu julgava corrupto? Aquilo me faria mal, mas não havia o que fazer, havia um código de ética firmado com a empresa na qual eu prestava serviço e eu precisava honrá-lo também. Após alguns minutos nos liberaram, apresentamos o projeto da área fiscal e a venda não foi fechada. Até hoje não sei dizer se foi porque me identificaram entre os presentes na reunião ou por algum outro motivo.

Quase um mês depois, 17 de julho de 2015, logo após ter rompido com o governo, o deputado e presidente da Câmara Eduardo Cunha, hoje preso, desengavetou 11 pedidos de *impeachment* contra Dilma. Um deles era aquele protocolado dia 15 de abril de 2015 e outro do deputado Jair Bolsonaro.

Desta vez convidamos novamente movimentos para aderirem ao nosso pedido de *impeachment* na oportunidade do aditamento, no qual inserimos as pedaladas fiscais. Nesta ocasião os movimentos Acorda Brasil, Avança Brasil e Brasil Melhor se uniram ao NasRuas.

O VPR ainda não se posicionara publicamente favorável ao afastamento de Dilma e o MBL planejava a marcha pelo *impeachment*, quando apresentaria o pedido deles, redigido por Bia Kicis e Cláudia Castro.

Nove dias mais tarde voltamos a ficar em frente ao prédio do TCU, em Brasília, e também reunidos em outras cidades, para pedir pela reprovação das contas da presidente relacionadas a 2014. Não foi fácil conseguir que o TCU atuasse como atuou, os ministros em sua maioria não são de carreira, são indicados políticos, o que cria uma certa obrigação de lealdade para com o governo.

O PT já tinha se tornado sinônimo de revolta e de piada ao mesmo tempo. Seus discursos já não ludibriavam quase ninguém. Sempre que o partido fosse fazer alguma apresentação na televisão, ouviam-se panelaços em várias regiões do Brasil.

Em 16 de agosto aconteceu a 3ª grande manifestação pelo *impeachment*. A Polícia Militar, estimou em 350 mil o número de pessoas presentes na Av. Paulista. Os protestos ocorreram em todos os estados brasileiros e no Distrito Federal, neste, com a presença de cerca de 25 mil pessoas. No Rio de Janeiro a PM não divulgou números, mas os organizadores falaram em 20 mil presentes. Mais números, de acordo com a Polícia Militar: 4 mil em Salvador, 1.500 em Belém e 10 mil em Maceió.

Um vídeo meu viralizou à época nas redes sociais, pois dias antes da manifestação, sofri uma tentativa de assalto dentro do carro, em horário de pico e negociei com o assaltante para não levar meu celular. Sei que a história é "in-crível" mesmo e não lhe culpo caso não queira acreditar, mas fato é que aquele *quase-assalto* nos ajudou a divulgar a manifestação, que foi um sucesso.

Eu estava na Av. Giovanni Gronchi, o trânsito era algo fora do normal, estava parada no mesmo quarteirão há vários minutos já, distraída no celular, alterando minha foto de perfil no *Telegram*, quando ouço uma batida no meu vidro; um rapaz armado pedia que eu abrisse a janela:

– Passa a bolsa e passa o celular.
– Olha, moço, eu passo a bolsa, passo até o carro se você quiser, mas não leve meu celular não, porque é tudo meu aqui, sou de um movimento contra corrupção, tenho 70 grupos no *WhatsApp*, tenho todos os meus vídeos, fotos, meu *iPhone* é antigo... vai ferrar minha vida...

Enquanto isso ele gritava algo como "você tá louca?", "passa logo o celular", mas eu estava focada em não perder meu celular... de repente ele me interrompe:

– Movimento de que? Contra corrupção?
– Isso, daquelas manifestações em 15 de março, depois 12 de abril e vamos fazer outra agora 16 de agosto...
– É do PT?
– Sim, é pra tirar a Dilma do poder... – e pensei comigo: "se ele for petista, eu estou morta" – então se o senhor for petista... mas sabe como que é, a situação está difícil.
– É, a situação está difícil mesmo, inclusive eu estou nessa vida por causa do PT.

Mostrei para ele então o adesivo da campanha do Ministério Público, mostrei a foto que eu tinha acabado de trocar no *Telegram*:

Ele viu a foto e falou uma coisa que eu não coloquei no vídeo, mas conto para vocês aqui:

— Então quer dizer que a senhora é tipo uma "celebridade"?
Eu neguei, ele pegou o adesivo, viu que era também sobre o combate à corrupção, do amigo Roberto Livianu, do Instituto Não Aceito Corrupção e completou:
— Vai, vai embora, toca sua vida e vê se faz alguma coisa pelo país...

Esse fato aconteceu dia 4 de agosto, postei o vídeo horas depois, e em poucos dias o Brasil inteiro o recebia, alguns acreditando no que contei e muitos duvidando da história. Eu não os culpo, até hoje me pergunto como pode em menos de um minuto ter acontecido algo assim comigo. Me lembro dele montando na moto que estava do lado direito do meu carro e até hoje não sei se ele passou pela frente ou por trás de mim, minhas pernas ficaram bambas por horas e horas... Cheguei na casa da minha querida tia Sueli, com quem morei por algum tempo e ela me deu a idéia de gravar o ocorrido. E não é que deu certo?

A grande novidade naquele 16 de agosto foi a estreia do boneco de Lula, o "Pixuleco", em Brasília. Ele tinha 300 quilos e 12 metros de altura. A iniciativa foi do Movimento Brasil de Alagoas, que em 2018 veio se fundir com o NasRuas, nos dando grande orgulho de misturar nossas histórias!

O nome do boneco se referia "ao termo usado pelo ex-tesoureiro do PT João Vaccari Neto para se referir à propina, segundo o empreiteiro Ricardo Pessoa, delator da Operação Lava Jato", como informa a *Folha de S. Paulo*.

Boneco Pixuleco. Fonte: Blog Voz da Bahia

O Pixuleco virou meme, contaminou toda a *internet* e não tenho dúvidas de que este invento mudou a história do país! O Lula passou a ser visto pelo povo como ele realmente é: um presidiário trambiqueiro, que deveria estar na cadeia.

O Pixuleco passou a percorrer as regiões do Brasil e, ao chegar à cidade de São Paulo, no dia 28 de agosto, foi atacado e rasgado por defensores do PT. Na oportunidade, houve confronto entre essas pessoas e os opositores a Lula e Dilma no viaduto do Chá, em frente à prefeitura.

Isso não foi problema. Consertado, o boneco apareceu na Av. Paulista dia 30, em protesto organizado por movimentos como o NasRuas. Por lá estava o petista José Eduardo Cardozo, então advogado-geral da União. É claro que não o deixamos de lado e o vaiamos.

Tenho orgulho de ter registrado meu filho presente neste ato. Ele estava feliz. O Pixuleco agradava às crianças. Mesmo com alguns contratempos, o protesto foi um sucesso e foram colhidas diversas assinaturas para as 10 medida

No dia seguinte, 31 de agosto de 2015, fizemos uma reunião com Paulo Skaf. Eu costurei a reunião com vários movimentos que vieram de todo o Brasil, pois imaginávamos que se a FIESP aderisse ao *impeachment*, tudo ficaria mais fácil. Sonho meu.

Desta reunião nasceu o tal Pato e a campanha "Não vou pagar o Pato". Foi o máximo que o Paulo Skaf disse que poderia fazer para ajudar a enfraquecer o poder e o mandato de Dilma, concluindo que o seu *impeachment* era algo impossível de acontecer naquele momento. Mal sabia ele que no dia seguinte uma mulher chamada Janaina Paschoal iniciaria algo que mudaria o rumo da história do Brasil.

PARTE III

A ERA DO IMPEACHMENT

APRESENTAÇÃO À PARTE III
UMA ATIVISTA CONTRA A CORRUPÇÃO

Janaina Conceição Paschoal

Era setembro de 2015, eu havia protocolizado o pedido de *impeachment* da ex-Presidente Dilma Rousseff, ladeada pelo grande Dr. Hélio Bicudo. Eu tinha acabado de me render ao *WhatsApp* e repudiava a ideia de entrar no *Facebook* e no *Twitter*. Confesso, não estava antenada com os tais movimentos sociais e seus líderes.

Sim, eu havia ido a todas as manifestações e todas me irritavam muito, pois só se falava em Reforma Política e eu estava convicta da necessidade do *impeachment*.

Assim que a denúncia foi protocolizada, em 1º de setembro de 2015, em virtude da participação do ícone Hélio Bicudo, formou-se a Frente Parlamentar Pró-*impeachment*, sendo um abaixo-assinado criado e aberto à assinatura da população. Em poucos dias, contávamos um milhão de assinaturas.

Eu não estava preparada para enfrentar as pressões que passei a sofrer, nem para a absurda exposição que se iniciou. Começaram a surgir notas inverídicas nos jornais, todos queriam saber o que eu queria e quem estaria por trás do tão famoso pedido.

Raros eram os apoios; inúmeras as acusações e cobranças.

Eis que, no meio do turbilhão, Carla Zambelli me telefonou e explicou que havia apresentado um pedido de *impeachment*, elaborado pelo professor Dircêo Torrecillas e pelo advogado João Paulo Pessoa. Ela disse que, por acreditar no Dr. Hélio Bicudo, estaria disposta a desistir do próprio pedido e subscrever o nosso, representando 40 movimentos contra a corrupção.

Durante toda a conversa, eu a tratei por Dra. Carla. Imaginei que, por também ter feito um pedido de *impeachment*, Carla seria advogada.

A certa altura, ela disse: "Pare de me chamar de Dra., eu não sou advogada". E eu perguntei: "Você é o que, então?". E ela respondeu: "Sou ativista".

Eu, que não gosto de ativismo, nunca imaginei que alguém pudesse se apresentar dessa forma. De todo modo, indaguei: "Ativista do quê?". E ela respondeu: "Sou ativista contra a corrupção".

Por alguma razão, gostei do tom direto da criatura. E, dado que todos ligavam para me atacar, diante de uma oferta de ajuda, não poderia fazer nada além de aceitar e agradecer.

Desse telefonema nasceu a ideia de contatar os demais movimentos, convidando-os a subscrever o pedido de *impeachment* que, na origem, era apenas meu e do Dr. Hélio Bicudo.

Zambelli não se contentou em subscrever o nosso pedido, decidiu chamar uma entrevista coletiva na casa do Dr. Hélio Bicudo.

Eu, que imaginei que apenas redigiria a petição e, a partir de então, todas as participações seriam do grande jurista Bicudo, de repente, estava no meio de um monte de câmeras, apertando a mão de representantes de movimentos, que eu nem sabia que existiam.

No início da tal entrevista, fiquei quieta no meu canto, mas, no meio, foi necessário explicar a parte técnica, e eu fui obrigada a falar. Estavam presentes os professores Dircêo Torrecillas e Adilson Dallari, que também explanaram as questões técnicas, pela perspectiva de suas áreas de atuação.

Ali, o *impeachment* deixou de ser algo do Dr. Hélio e meu e passou a ser algo "nosso".

Carla e eu somos iguais na paixão pelas causas abraçadas, algo bem típico do signo de câncer. Aliás, Dr. Hélio Bicudo e a filha dele, Sra. Maria

Lúcia Bicudo, também são cancerianos. Só muitos sonhadores juntos conseguiriam fazer tudo o que foi feito.

Não obstante, Carla e eu somos muito diferentes na forma de proceder. Penso mil vezes antes de agir e Carla age mil vezes antes de pensar. Quem está com a razão? Só Deus sabe. Talvez o meio-termo.

O convívio com os muitos movimentos que apoiaram o *impeachment* foi uma grande escola. Aprendi que não podemos controlar o mundo e temos que respeitar as individualidades, inclusive das coletividades.

NasRuas, Movimento Brasil Livre (MBL) e Vem Pra Rua (VPR) são movimentos completamente diferentes entre si e, ao mesmo tempo, completamente diferentes de mim. No entanto, o amor ao Brasil acabou unindo todos em torno de uma causa comum: retirar o Partido dos Trabalhadores (PT) do Poder e, a partir daí, possibilitar a punição de todos os culpados (petistas, ou aparentemente anti-petistas).

Hoje, fora os mal-intencionados, penso que já esteja bem claro para todos que, antes do *impeachment*, havia um pacto de silêncio em nosso país. Esse tal pacto foi quebrado!

O país não teria chegado aonde chegou se a oposição fosse algo real por aqui. Por ideologia ou interesse, aqueles que tinham o dever de denunciar se calaram. Na omissão das autoridades, levantam-se os cidadãos.

No meio do caminho, foram muitas as pedras. Muitas pessoas que pareciam apoiar, na verdade, estavam trabalhando contra.

Pela delicadeza da situação e pela importância do processo para todo o povo brasileiro, nem sempre era possível falar tudo o que, de fato, estava ocorrendo. Mas alguns apoios eram fieis. A vontade de Carla de tirar o PT do poder era real, afirmo isso sem nenhum medo de errar.

Que bom que os líderes dos movimentos não se omitiram, não se omitiram de fazer o que era preciso. Agora, será importante ocupar os espaços e ser diferente se mostra necessário.

E se der tudo errado? E se o próximo presidente trair a confiança? E se as próximas eleições não trouxerem a devida renovação? E se as pessoas que prometeram renovar fizerem tudo como antigamente?

Pediremos novos *impeachments*, se necessário!

Só o que não aceitamos é desistir do Brasil. Obrigada Carla, obrigada a cada brasileiro que não desistiu e não desistirá deste país que ainda será o Coração do Mundo!

São Paulo, 18 de abril de 2018.

CAPÍTULO 11

O *IMPEACHMENT* COMEÇA A GANHAR FORÇA

No dia 1º de setembro de 2015 ouvi na rádio Jovem Pan que o jurista Hélio Bicudo havia apresentado um pedido de *impeachment* a Eduardo Cunha e que junto a ele estava a advogada Janaina Paschoal, que eu ainda não conhecia. Ao saber disso, conversei com o Dr. Ives Gandra Martins, e lhe pedi permissão para abrir mão dos meus pedidos de *impeachment*, que ele apoiara e ele avaliou como positiva a idéia de juntarmo-nos ao novo processo, por conta dos currículos dos responsáveis. Ele me colocou em contato com a grande Janaina.

A primeira vez que nos falamos, me lembro como se fosse hoje, por 40 minutos conversamos sobre diversos assuntos, lhe contei sobre meu contato com Dr. Hélio Bicudo desde 2011 e sobre a ideia de apoiar o pedido que ela redigira. Ela aceitou e mais de 30 movimentos aderiram ao pedido, que mais tarde, viria a ser chamado de Pedido de *impeachment* de Janaina Paschoal. Sim, ela ficou maior do que o propósito, pela maestria com que conduziu o processo que demoraria exatamente um ano, a partir dali.

Assim como fazíamos desde 2011, em 7 de setembro daquele ano, Dia da Independência do Brasil, realizamos protesto em Brasília para criticar Dilma Rousseff e pedir por um país decente. Podíamos ter ganho o *status* de país independente pelas mãos de Dom Pedro I, mas ainda estávamos presos às garras da quadrilha petista.

Para tornar público o apoio ao *impeachment* de Janaina, naquele momento com o apoio de 30 movimentos, o NasRuas organizou uma coletiva de imprensa com representantes dos movimentos Acorda Brasil, Brasil Melhor e Avança Brasil, nas pessoas de Luiz Philippe de Orleans e Bragança, Heduan Pinheiro e Nilton Caccáos, respectivamente, que haviam apoiado nosso pedido no aditamento semanas atrás. Organizado por Valeria Andrade, a coletiva noticiou que a partir daquele 11 de setembro, estávamos nos unindo ao pedido de Paschoal e Dr. Hélio Bicudo. A notícia saiu em todos os jornais de grande circulação.

A *Agência Brasil* noticiou o seguinte:

> "*Os movimentos contra a corrupção estão aderindo a esse pedido do doutor Hélio em respeito a tudo que ele representa, a luta que ele representa contra a corrupção*". disse Carla Zambelli, do movimento NasRuas, porta-voz de 30 grupos que querem o afastamento de Dilma.
> "*Eu estou muito feliz, alegre, de ter vocês aqui, em casa, nesse movimento comum, nacional, a favor da moralidade pública da política brasileira*", afirmou Bicudo após reunião com representantes dos movimentos, ocorrida em sua residência, no bairro dos Jardins, em São Paulo.
> No pedido de impeachment, *o procurador aposentado, de 93 anos, reuniu cópias de pareceres, representações e acórdãos e reportagens*. "*Os fatos são de conhecimento notório, de forma que os denunciantes entendem serem suficientes à deflagração do processo de impeachment*", disse Hélio Bicudo. *Ele afirma ainda que o país está mergulhado em* "*profunda crise, embora o governo federal insista que se trata de crise exclusivamente econômica, na verdade, a crise é política e, sobretudo, moral*".

Foi um grande alvoroço na imprensa, todas as TVs, Jornais impressos e rádios noticiaram a junção dos movimentos de rua com o pedido do Dr. Hélio Bicudo e a ainda pouco conhecida, Janaina Paschoal. Movimentos continuaram a me procurar para aderir ao pedido, pois já se formava também na Câmara uma frente pró-*impeachment* em apoio àquele pedido.

Alguns dias depois, o MBL procurou a Janaina para também assinar o documento, e depois foi necessário protocolar a peça novamente, pois o jurista Dr. Miguel Reale Junior entraria assinando também a denúncia juntamente com o Movimento Vem Pra Rua. A adesão de Reale era a única maneira de o PSDB apoiar o pedido, pois a ideia original seria este partido apresentar um pedido em conjunto com a OAB e somente o Vem Pra Rua.

Mas isso tudo só aconteceu porque perceberam, após a coletiva de imprensa, muito bem-sucedida, que este pedido ganhara amplo apoio popular.

Ainda que num primeiro momento o MBL e o VPR não quisessem se unir aos 43 movimentos, esta adesão foi imprescindível para o sucesso político da tese amplamente jurídica. Em conversa com Rogério Chequer e Kim Kataguiri, que assinariam a peça como apoiadores, como eu, propus que um só de nós três assinasse, representando os 45 movimentos, pois a distribuição ficara estranha. Naquele momento eu já representava 43 movimentos, o Chequer representava o VPR e Kim o MBL.

Nestes momentos, todos querem participar da História do país. Mesmo minha consciência me dizendo que eu tinha o direito de assinar pelos 45 movimentos, uma vez que havia procurado a Janaina em primeiro lugar, abri mão de assinar e pedi que os dois resolvessem qual deles emprestaria seu nome à peça, em nome de todos os movimentos.

Percebendo que eles não chegariam a uma conclusão, pois ambos não abriam mão, segundo um deles me disse, resolvi assinar pelos movimentos que me confiaram a tarefa e cada um deles dois assinaria pelo seu movimento.

Miguel Reale foi um dos motivos pelo qual o PSDB também decidiu pedir a queda de Dilma com base no texto de Janaina e Bicudo. Porém, até hoje tenho meus receios em relação ao jurista tucano e ao próprio Partido da Social Democracia Brasileira. Acredito que a legenda só entrou nesse barco por medo de retaliações que poderiam vir da sociedade. Os tucanos não queriam o *impeachment*. Há duas teses em que podemos trabalhar aqui:

1) A ideia maior era deixar o PT sangrar até 2018 e, então, lançar o PSDB como o salvador da Pátria. Igualzinho em 2005, quando resolveram não pedir o afastamento de Lula com as mesmas motivações. Você se lembra? 2) O PSDB sempre ganhou com o PT no poder, e daí vem também a teoria das tesouras apresentada pelo professor Olavo de Carvalho. E que se confirmou na minha cabeça meses depois por vários motivos, primeiro porque eu vi como Aécio abraçou Lula no dia 29 de agosto de 2016, durante a comitiva de Dilma no Senado e segundo pelos diversos processos que Janaina sofreria depois do *impeachment* pelo advogado de Dilma e de Aécio. Sim, pasmem, o advogado de ambos é o mesmo: Alberto Zacharias Toron – pesquise na *internet* e você verá. E até o final do livro você verá mais alguns indícios de que esta tese faz mais sentido.

Minhas dúvidas quanto ao Miguel Reale Júnior se sustentam porque em várias oportunidades ele tentou fazer com que Janaina desistisse do pedido. Algumas vezes ele a pressionava para que ela parasse de fazer questionamentos nas sessões a respeito dos crimes de Dilma. A advogada, contudo, seguia em frente. *"Como farei menos perguntas, professor? Precisamos questionar!"*, dizia ela.

Ele, então, exigia respeito, por ser mais velho. *"Eu te respeito, Dr. Miguel, mas em relação a esse processo, o Sr. chegou depois. A tese é nossa e eu irei defendê-la até o fim".* E Janaina persistia em resistir. *"Se o problema é idade, eu tenho 40, o Sr. tem 70, mas o Dr. Hélio Bicudo tem 90 anos, e ele está comigo".*

Devemos permanecer muito atentos ao PSDB. Sofremos diversas ameaças, que acreditamos não terem vindo apenas do PT, mas também de tucanos. Em toda essa história, eles, junto ao Partido dos Trabalhadores, também foram grandes vilões.

Toda esta reviravolta aconteceu em poucos dias e superado o assunto de quem constaria na peça, no dia de assinar efetivamente o documento com Janaina Paschoal, Miguel Reale Junior e Dr. Hélio Bicudo, fiquei bastante intrigada com uma situação que ocorrera no dia 16.

Quando estávamos no cartório protocolando o pedido de *impeachment* perguntei ao Miguel Reale Júnior e aos integrantes do MBL e do VPR, se haveria alguma coletiva de imprensa ou alguma exposição midiática para falar a respeito daquele ato no dia 17 em Brasília, para o protocolo oficial, e todos eles me disseram que não, uma vez que a coletiva de imprensa havia sido dada no próprio cartório.

Mais tarde, cerca de 23h00, Valéria Andrade insiste que havia algum suspense sobre isso e decidimos que era melhor eu estar em Brasília no dia seguinte. Rapidamente compramos minha passagem, já era por volta das 23h30 e o voo era às 6h00. Não consegui avisar ninguém, além da Maria Lúcia Bicudo (filha do jurista Hélio Bicudo) e Luiz Philippe, que representava o Acorda Brasil.

Ao chegar à capital federal, fui muito bem recebida por Maria Lúcia e, logo depois, fomos à Câmara entregar o novo pedido de *impeachment* com o deputado Carlos Sampaio (PSDB), como fora combinado.

Chegando lá, soubemos que havia um encontro já marcado com o presidente da casa, Eduardo Cunha e também uma coletiva de imprensa com a presença de todos aqueles que me disseram que não haveria nada além da entrega. Tive problemas com as pessoas que me confiaram a assinatura do pedido, pois alguns ficaram chateados comigo por eu não as ter avisado com antecedência, porém nem eu, mesmo sendo representante de 43 grupos favoráveis ao *impeachment*, fui comunicada. Pelo contrário, mentiram para mim.

Lá, quase não consegui entrar na sala do presidente da Câmara, não fosse a Maria Lúcia ter agarrado minha mão e, literalmente, me arrastado para dentro, eu não teria participado daquele ato. Depois, perguntei a um membro do VPR, o motivo pelo qual me haviam dito que não teria nada. Ele não respondeu e virou as costas.

Em todo caso, quero registrar aqui o meu pedido de desculpas aos movimentos que, de alguma forma, sentiram-se ofendidos comigo por causa disso. Eu não tive a intenção de estar ali sozinha, aliás, foi péssimo para mim, pois fui pega de surpresa, tive que discursar sem estar preparada, ninguém gravou o ocorrido para que eu tivesse um registro deste fato tão importante da história e ainda tive problemas no trabalho, pois no dia seguinte, minha cara estava estampada na capa de todos os jornais, ao lado de Eduardo Cunha.

Geralmente quem é esquerdista utiliza da frase "você apoiou o Eduardo Cunha, você estava com ele na reunião. Olha você na foto...". É importante, portanto, colocar os pingos nos is, tanto para os pró-PT quanto para quem, mesmo tendo sido favorável ao *impeachment*, deu corda a tal falácia.

Naquele 17 de setembro eu não estava ao lado de Eduardo Cunha. Ali estava o Presidente da Câmara, o qual não recebeu meu voto, nem para deputado, nem para presidir a casa. Já havia alguns questionamentos na mídia sobre sua conduta e conversas a respeito de ações ilícitas e seus colegas nada faziam, também porque sabiam que Cunha era o único capaz de conduzir aquele *impeachment*.

Qualquer um que o fizesse, seria deposto em seguida. Ninguém gostaria de associar sua imagem à dele, até porque sempre pautamos o NasRuas na luta contra a corrupção. No entanto, é preciso entender que nossa presença ali não era para agradar ao Cunha e nem para fechar acordos com ele.

Foto de Wilson Dias / Agência Brasil

Nossa foto foi tirada com seriedade, eu estava ao lado de Maria Lucia Bicudo, registrando um momento importante na história. E fatos são fatos, talvez não houvesse outro deputado naquela casa capaz de fazer o que Eduardo Cunha fez e caiu, foi cassado muito mais pelo *impeachment* de Dilma e por ter ficado sob holofotes por tanto tempo, do que por seus crimes. De maneira alguma estou dizendo que ele não os cometeu, mas sim que vários outros também cometeram crimes muito piores e até hoje estão incólumes passando despercebidos aos nossos olhos e aos da justiça.

É preciso parar com esta mania de que existem bandidos de estimação. Só a esquerda os têm, eis o fato que não se pode negar. Só eles saem às ruas para defender bandido. Não houve uma manifestação sequer defendendo Cunha quando foi cassado ou preso, ou quando Aécio virou réu em 18 de abril de 2018.

Defender Lula e seus asseclas é mais do que defender um condenado, é provar que se corrobora a corrupção ou porque ganha algo com isso. Ou ainda por falta de faculdades mentais.

A grande Janaina Paschoal não pôde estar neste dia do protocolo, mas eu me sentia feliz por representar uma mulher tão grande ali, além dos 43 movimentos que assinavam comigo.

Ali não estava Carla Zambelli, ali estavam milhões de brasileiros, que meses depois, mostraram nas ruas o quanto queriam que aquela peça fosse julgada procedente.

CAPÍTULO 12

DILMENTIRA, REJEIÇÃO DE CONTAS E MAIS *IMPEACHMENT*

Caxias do Sul foi o município a receber o Pixuleco no dia 19 de setembro. Estivemos presentes naquele ato em que dois indivíduos esfaquearam o boneco, desinflando-o. No mês seguinte, foi a vez da Dilma ganhar uma "homenagem".

O Movimento Brasil, dos mesmos criadores do Pixuleco, estreou em Brasília no dia 15 de novembro a Dilmentira, que dias depois foi

Homenagem do Movimento Brasil à Dilma. Foto: *O Globo*

também erguida em frente ao TCU, em nova manifestação pedindo pela reprovação das contas da presidente, que já estavam sendo julgadas.

A boneca de Dilma não fez tanto sucesso quanto seu predecessor. Particularmente eu tive a impressão de que era pouco, que Dilma merecia algo mais forte, que a colocasse como mãe do petrolão, ao lado de Lula.

Em São Paulo o NasRuas criou, então, a Bandilma. Ela tinha uma faixa de "Mãe do Petrolão" de um lado e do outro "*Impeachment*", ela carregava uma mala para Cuba, mandiocas (já que ela gostava de saudar a mandioca), tinha máscara que remetia aos irmãos metralha e uma mancha de petróleo em forma de mão com quatro dedos no ombro. A mão de Lula que a tratava como marionete.

A estrela do PT não podia faltar, nem nos brincos da boneca. Não era nada fácil conseguir fornecedor e a verba para o boneco. Esta foi paga por uma vaquinha, para a qual arrecadamos rapidamente.

Todos estes detalhes foram pensados, um a um, pela Valéria Andrade e alguns por mim. Ficou sensacional, tínhamos o mote certo e a estreamos em São Paulo, em frente ao Tribunal de Contas, para pressionar o TCU a rejeitar as contas de Dilma e no dia seguinte, por unanimidade, o Tribunal as rejeitou. Vitória do Brasil!

Houve comemoração em vários lugares do país, como em Brasília, onde a queima de fogos celebrava a decisão. No Rio Grande do Sul, manifestantes ergueram o Pixuleco para protestar contra o governo.

No dia 11 de outubro começamos um *tour* pelo Nordeste. Começamos em Salvador (BA) erguendo a Bandilma no Farol da Barra. Junto conosco estiveram o Vem Pra Rua e a Ordem dos Médicos da Bahia. De lá o boneco de Lula e a Bandilma seguiria por todos os estados do Nordeste.

Quatro dias depois apresentamos novo pedido de *impeachment*, com os mesmos integrantes do pedido anterior, porém acrescida de uma nova justificativa para tirar Dilma do poder: a reprovação das contas de 2015, a fim de evitar que pseudo-juristas tentassem emplacar a ideia de que a pedalada era do mandato anterior e, sendo assim, um parlamentar não deveria ser julgado por atos cometidos fora do exercício da sua função. O que os petralhas têm dificuldade de entender é que a função era a mesma.

Ainda que o parecer de Dr. Adilson Dallari embasasse o fato de que se tratava da mesma função e da mesma pessoa e que deveria, portanto, responder por seus atos, independentemente de serem de um mandato anterior, era melhor que se garantissem as pedaladas de 2015.

Janaina Paschoal trabalhou na nova peça com afinco e em pouquíssimo tempo ela estava pronta, me lembro até hoje como ela conferia, página por página, se havia a assinatura de todos, se todos os anexos estavam ali, o profissionalismo dela se via nos detalhes.

Logo após o protocolo da última peça, fui chamada para uma entrevista na *TVeja*, no programa da Joice Hasselmann, fui acompanhada de Dr. Helio Bicudo e Dr. Adilson Dallari. Chegando na *Veja*, ao passar os olhos pela Joice, vi algo de diferente nela. Aquele mulherão que se via na telinha era mais do que uma exímia jornalista, ela tinha um brilho especial, a câmera e a vida sorriam para ela. Gostei dela desde o primeiro momento, de graça. E hoje, enquanto escrevo estas páginas, tenho o orgulho de poder contar com sua amizade verdadeira.

Nesta entrevista anunciei que o NasRuas daria início a uma sequência de manifestações diárias que durariam 54 dias, a partir de 18 de outubro, no domingo seguinte. No vão do MASP, ecoamos palavras de ordem e mostramos, mais uma vez, que não estávamos para brincadeira. Não tinha conversa: Dilma tinha que cair e o Brasil tinha que ver que ainda existia Justiça.

No dia seguinte, 16 de outubro, descobri o tumor no cérebro e nos dias que se seguiram, não faltei a nenhum dia de manifestação. Fui afastada do trabalho por cegueira no olho direito no dia 21 de outubro e após 10 dias saindo às ruas sem parar, o rumo agora seria Brasília já que o médico me avisara que minha operação não viria tão cedo, fizemos dois atos no dia 28 de outubro de 2015.

O primeiro foi ler, na Câmara, uma carta destinada ao PMDB cobrando posicionamento do partido e do vice-presidente Michel Temer em relação ao *impeachment*. Ela foi escrita pela Aliança e lida por Nilton Caccáos e por mim, que éramos porta-vozes dos movimentos na época. Mais de 40 ativistas de todo o país estavam ali presentes, de cada recanto do país. Depois, a protocolamos na Liderança do PMDB na Câmara, nas presidências da Câmara e do Senado e na Vice-Presidência da República, conforme abaixo.

Em seguida, uma ação que havia sido iniciada por Allan dos Santos, do *Terça Livre*, mas foi cancelada por ele, por conta do feriado dos servidores dois dias depois, já que a Câmara estaria um tanto esvaziada. Uns dias antes começamos a pensar em atos que pudessem ser feitos, aproveitando a presença dos mais de 40 ativistas que foram para a leitura da carta de pressão ao PMDB e que já estavam com suas passagens compradas.

Pensamos em tomar o Plenário, como forma de protesto. Mas a solução que todos do grupo mais gostaram foi dada por Fabrícia Salles, que veio a se tornar uma grande amiga minha e é coordenadora do NasRuas de Campo Grande, que tinha ouvido em outro grupo que havia a intenção de algemarmos-nos no Congresso.

Sem saber como seria exatamente, compramos 40 algemas e levamos no dia, através de um amigo que trabalha até hoje na Câmara. Fofo... fica aqui nosso agradecimento ao anônimo que tornou possível os "Algemados Pelo *Impeachment*". Porque no fim das contas, o outro grupo desistiu do ato mesmo eu tendo falado com a líder da ação naquele dia e pedido para que ela o liderasse. Mas acabamos por fazê-lo entre nós mesmos, no salão verde.

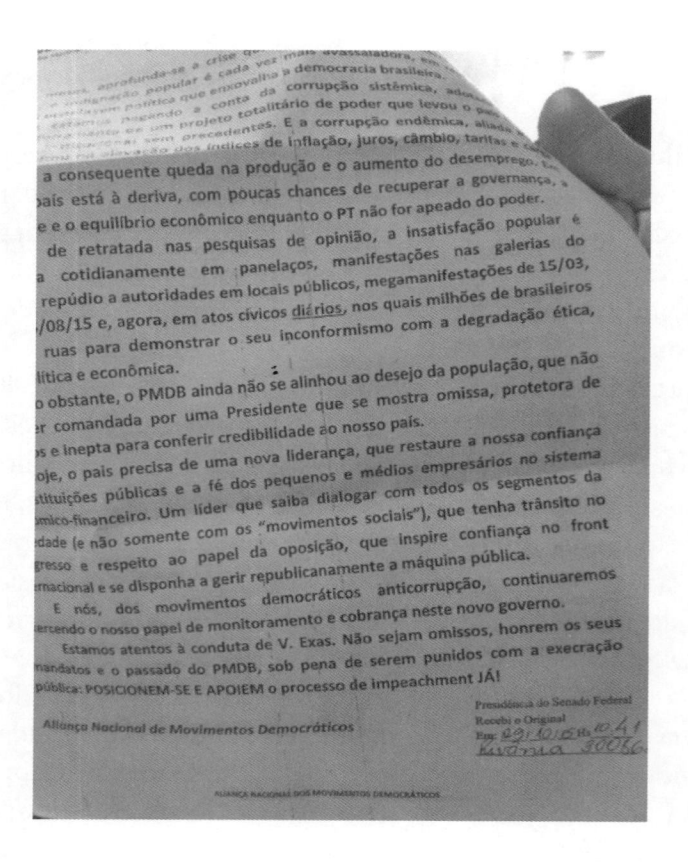

Daniel Araújo, grande amigo que era do Movimento Brasil e que hoje faz parte do NasRuas, com a fusão dos movimentos, disse em um áudio que a porta-voz do grupo deveria ter "mão de ferro", referindo-se a mim e houve uma concordância geral que era necessário focar a comunicação em uma só pessoa que já tivesse experiência em conceder entrevistas, afinal, não seria nada fácil.

Pouco antes do horário que havíamos pensado, os seguranças notavam algo estranho e quando um grupo grande saiu para comer, a chefia da segurança foi acionada para começar a retirar as pessoas do local, e os que estavam fora não poderiam mais entrar.

A ação que estava planejada para as 16h00, teve que ser antecipada. Não havíamos almoçado e se saíssemos até para ir ao banheiro, não poderíamos mais voltar. Ali no café do Salão Verde decidimos fazer somente entre 8 pessoas, sendo que um deles, Darcio Bracarense, não pôde participar porque a algema não cabia em seu punho... rs...

Abrindo os pacotes ainda lacrados das algemas de mentira, mas que reluziam como verdadeiras, eu tremia dos pés à cabeça. Só pensava no fato de que poderíamos sair de lá realmente algemados. Escolhi uma pilastra, todos concordaram, era a mais próxima da imprensa e também nos dava cobertura para nos escondermos atrás dela enquanto colocávamos as algemas em um por um, ligando um ao outro até fazer a volta. Quando chegou em mim, coloquei a algema, dei a volta no pilar e nos sentamos, mostrando as algemas.

Foto do Movimento NasRuas assim que nos algemamos.

Algemamo-nos como forma de mostrar que o Brasil estava preso, como já dito anteriormente, às garras do PT e sofria duramente os efeitos da roubalheira e da ineficiência daquele governo.

A imprensa veio em peso saber o que estava acontecendo. Era algo inédito e nós mesmos não sabíamos o que iria acontecer. Nunca vi tanta luz de *flash*. Nessas horas é difícil ser a porta-voz. Saber o que dizer de interessante para a imprensa publicar e não fraco a ponto de o povo não gostar.

Imprensa tem uma coisa que poucos imaginam, mas vou lhes contar, e então ficará obvio. Durante anos, nenhuma entrevista minha saiu em TVs, porque minhas falas sempre eram muito duras, e nenhuma TV tinha permissão ou coragem para publicar. Então é preciso ser *soft* o suficiente para que publiquem, mas não demais para provocar raiva aos ouvintes, transpirando fraqueza. Este é o limiar mais complicado de ser mantido sob controle.

Enquanto a imprensa estava em nossa frente, como na foto abaixo, um segurança com um alicate gigante foi pelo outro lado perguntar contra quem estávamos protestando: Cunha ou Dilma? Respondemos que era pelo *impeachment* da Dilma e ele comentou algo como: – Ah, então tá, podem ficar.

Algemados pelo *Impeachment*, imagem de *Jornal do Brasil*

Uma ação que deveria durar 15 minutos durou 9 dias, até 5 de novembro. Não tínhamos levado roupas, não pensamos sobre ir ou não fazer xixi, se poderíamos comer, como dormiríamos, nada! Mas tínhamos que bancar nossa decisão de ficar, permanecer. Pessoas de todo o país vieram para tirar fotos com os algemados. Como porta voz não podia me ausentar. No primeiro dia, bebíamos pouca água, para não querer ir ao banheiro. Não comemos.

Mais ou menos às 21h00 o presidente da Câmara veio, pediu para que não fizéssemos aquilo, que seria insano permanecer ali. Eu lhe respondi: "quer que a gente saia? Acolha o *impeachment*", e lhe entreguei a chave das algemas com minha fita verde e amarela de estimação, que aparece em uma das fotos acima: "A chave está nas suas mãos, põe debaixo do travesseiro para pensar".

>Eduardo Cunha (EC): –Mas vocês têm outra chave?
>Carla Zambelli (CZ) –Tenho sim, mas eu quero abrir com essa que está com você
>EC: – Bom, se vocês têm outra chave... e saiu andando.
>CZ: – Sempre temos que ter o plano B, né?

Vocês não imaginam o que eu sofri de retaliação por ter dito essa frase. Aparentemente, os líderes de outros movimentos acharam que eu dei todo o poder nas mãos do Eduardo Cunha, empoderando-o, quando – segundo eles – eu deveria ter dito que o poder estava nas mãos do povo.

A verdade é que era assim que eu sentia toda a dinâmica do processo. Nós já havíamos feito várias manifestações, pressões, mas a decisão estava na mão dele e ele tinha que sentir o peso da responsabilidade. Aceitar e acatar a vontade do povo, e nos libertar.

Ele pôs a chave no bolso e dias depois vim a saber que ele a entregou ao seu segurança para que a guardasse, pois percebeu que era de brinquedo. Até hoje rio muito por pensar que ele achou que eram de verdade... Quanta "inocência" em um homem tão poderoso e "vivido na política".

A verdade é que Cunha foi complacente conosco. Aquela ação lhe fortalecia, sem que soubéssemos. Mas naquele momento, fortalecer o poder do presidente da Câmara Federal foi fator decisivo para ele tivesse, mais tarde, as condições necessárias para presidir o processo de *impeachment* que levou Dilma a seu afastamento, para então ser julgado o mérito pelo Senado.

Todos sabiam que uma vez afastada, não tinha mais volta, podiam tentar alguma tramoia, como realmente aconteceu mais tarde, mas nada que a levasse de volta ao poder.

No dia seguinte, pela manhã, ele veio perguntar como passamos a noite, bastante simpático e acompanhado *sempre* de toda a imprensa. Eu lhe disse algo sugerido por uma seguidora do *Facebook*: "O senhor tem a opção de ser ou o Moisés ou o Faraó; ou o senhor vai salvar os hebreus ou será responsável pelas 7 pragas jogadas aos brasileiros. O senhor terá que escolher de qual lado o senhor quer ficar". Ele respondeu: "Ok, Carla". E todos gritaram: "Acolhe, Cunha".

Alguém teve a ideia de começamos a pegar os votos de cada deputado, fazendo uma espécie de compromisso conosco, para votar sim ao *impeachment*. Conseguimos papel com o DEM e passamos fazer cartazes com os votos dos deputados que passavam por ali e deixavam suas mensagens de apoio ao *impeachment* e eles notavam que quando assinavam aquele compromisso, ganhavam pontos com a sociedade.

Deputado Roberto Freire, segurando sua mensagem sobre o *impeachment*.

A cada dia que passava aumentava o nosso painel e a pressão contra os petistas. Na mesma proporção, a ansiedade do povo crescia. Muita gente torcia pelo *impeachment*, mas, ao mesmo tempo, muitos não tinham tanta esperança que daria certo. A filha de Dr. Hélio Bicudo também participou e nos deu uma nova energia durante o tempo que esteve conosco.

O desgaste com a política no Brasil é tão grande que é difícil acreditar que alguma justiça possa ser feita, principalmente quando se fala de um partido que soube, minuciosamente, aparelhar o Estado e se ligar a outros partidos.

Algemados pelo *impeachment*. Foto: *Folha Vitória*

Chegou um momento que as folhas já não cabiam na pilastra e passamos a ocupar uma das paredes a nossa volta quando o PSDB teve a ideia de lançar o painel "Pró-*impeachment*" em uma cerimônia no Salão Verde da Câmara, no dia 4 de novembro, que copiava nossos cartazes de uma forma organizada, com a ideia de contar o número de deputados até alcançar o necessário: 342 votos.

Participei do lançamento, me desalgemando por alguns momentos e participei da coletiva de imprensa, enquanto deputados assinavam o painel atrás de nós.

Após uma tremenda confusão causada por Moema Gramacho, do PT, e um assessor seu, que arremessou um ativista de SP, Felipe Moreira, a 3 metros de distância, o presidente Eduardo Cunha ordenou sua retirada. Até hoje o tenho em minha casa como recordação. Um dia, quem sabe, fará parte do Museu Contra Corrupção.

Já estávamos ali há alguns dias, promovendo o "Algemados pelo *impeachment*". Não era bagunça de petista que nos intimidaria. Ao *Estadão*, revelei qual seria a nova estratégia: "Vamos guardar o painel e passar de gabinete em gabinete pegando as assinaturas (de apoio ao *impeachment*)".

É claro que não existia apenas defensores da queda de Dilma. É um pouco complicado entender como há gente que apoiava, e ainda apoia a petista. Não falo daqueles que recebem para serem defensores e nem dos militantes. Refiro-me a cidadãos comuns, como eu e você, que acreditam no discurso vitimista do PT, de golpe e até mesmo de machismo (então tirar Fernando Collor em 1992 foi feminismo?). Por isso, para fazer contraponto às nossas manifestações, os soldados da "presidenta" (termo inventado pela esquerda para combater o patriarcado infiltrado até na gramática, de acordo com eles) também realizavam seus protestos. Óbvio, com uma quantidade infinitamente menor de apoiadores.

Vivemos em uma democracia. Aqueles que achavam que Dilma devia continuar no poder tinham toda legitimidade para pensar assim. O problema não é esse. A questão é o público que se juntava para gritar "golpistas, fascistas não passarão!" Era visível a pouca quantidade de militantes, e praticamente só eles. Grupos do MST, MTST, CUT, UNE, sindicatos... Gente nitidamente ignorante (no sentido de nem saber o que estava fazendo ali) ou com interesses obscuros. Não há valor em protestos deste tipo, sinceramente falando.

Sibá Machado instigava o ódio no Plenário da Câmara: – "Cambada de vagabundos, vamos para o pau com vocês agora". Até hoje nada lhe aconteceu, mesmo com esta tremenda quebra de decoro, além da incitação ao ódio e ao crime.

O segundo filho do Imperador Akihito do Japão, o Príncipe Akishino, esteve presente na Câmara em visita. O deputado Francischini, do Paraná, levou um cartaz nosso para mostrar a Akishino: *"We want the impeachment of the (sic) president Dilma Roussef because we hope Brazil becomes as honoured as Japan"*. Os blogs de esquerda caçoaram de nosso ato, mas fato é que mostramos ao mundo que tínhamos vergonha daquele governo corrupto e incompetente.

Francischini empunhando o cartão para o Príncipe Akishino.

Um dos bastidores mais importantes do Algemados Pelo *Impeachment* foi descobrir as armações do PSDB contra o afastamento de Dilma. A cúpula de FHC não queria o afastamento. Bom, isso é público e notório, pois o ex-presidente, Fernando Henrique Cardoso, foi contra o processo de *impeachment* e criticou a peça por diversas vezes naquele ano e no seguinte. Porém, mais do que isso, eles agiam pelas costas da verdadeira oposição. Votavam com o governo e mantinham os privilégios, enquanto Cunha negociava o preço por não acolher o *impeachment*, o PSDB e outros partidos, negociavam cargos em estatais.

A presidência da Caixa Econômica (valia em torno de 5 votos), Banco do Brasil (valia em torno também de 6 ou 7 votos), eram as mais concorridas, trocavam por mais votos que presidências de estatais menores. Tudo tinha seu preço, mas nem todos se vendiam. O valor em dinheiro para votar contra o processo de afastamento girava em torno de R$200 mil, se pago em dinheiro.

A estratégia do PSDB era ganhar de todas as formas: fingir que era favorável ao *impeachment*, para ganhar a simpatia do povo, ganhar migalhas do governo e ganhar o resultado da consequência de um governo fraco, que se fosse mantido até 2018, jogaria a presidência no colo deles, uma vez que negociavam com o PMDB para que este saísse como vice daquele. Isso mesmo, em pleno processo de *impeachment*, o PSDB negociava que apoiaria o *impeachment* se o PMDB abrisse mão de ter um candidato próprio em 2018 e o apoiasse nas eleições, com a cadeira da vice-presidência.

O medo do PSDB girava em torno do fato de que bastaria o afastamento de Dilma para que o país voltasse a crescer e o PMDB, neste caso, poderia sair fortalecido e emplacar um presidente. Aliás, estamos vivendo exatamente este momento, enquanto escrevo o livro. Algo que previmos lá atrás e felizmente registramos em vídeo, contando que Alckmin, Serra e Aécio tramavam toda esta ladainha, sem apoiar o *impeachment*, encabeçado por FHC.

Aqui está o vídeo, datado de 5 de novembro de 2015, postado por outro canal, baixando a *live* do NasRuas: https://www.youtube.com/watch?v=hl041ujjtGY – ou basta colocar no *YouTube*: Carla Zambelli fala de acordos entre PSDB e PMDB para aprovarem o *impeachment*.

Na quarta-feira, dia 4 de novembro, Cunha recebeu uma chuva de dólares e a esquerda começou a conjecturar os "Algemados pelo Fora Cunha". No dia seguinte, fomos expulsos, cantando o hino nacional, de mãos dadas e nos juntamos ao acampamento do MBL e da Resistência Popular, no gramado em frente ao Congresso.

Alguns dias depois conheci o líder das manifestações de caminhoneiros por todo o Brasil, que havia acontecido em fevereiro daquele mesmo ano e haviam reiniciado em agosto, pedindo, desta vez, o *impeachment*.

Ivar era um homem do tamanho de uma jamanta com os olhos azuis mais doces que já vi na vida. Atualmente ele e sua esposa são amigos verdadeiros, amizade esta forjada em batalhas duríssimas, como no primeiro dia que o conheci, em que ele estava enfrentando uma verdadeira guerra.

Dilma baixara uma medida provisória que multava os caminhoneiros que obstruíssem as estradas, além da multa de trânsito de R$ 5.746,00, que dobraria para R$ 11.492,00 em caso de reincidência. O condutor também receberia sanções como a suspensão do direito de dirigir por doze meses (ou seja, seriam todos demitidos ou abririam falência, caso fosse seu o caminhão), a apreensão do veículo (ah, espera, não teria mais o caminhão), o recolhimento da carteira de habilitação (ou seja, procurem outra profissão) e a proibição do condutor de receber por dez anos incentivos creditícios para adquirir veículos automotores (olha a que nível chegava o autoritarismo da então presidente). Ivar estava dando entrevista para o *Canal Rural* e eu do lado de fora, o ouvi: – "Se os caminhoneiros usassem vermelho, talvez o governo da Dilma não nos perseguisse".

A luta deles era também a nossa e não podíamos deixá-los sozinhos, mas trabalhar com Ivar foi divertido, conheci muitas pessoas queridas naquele período e muitos se juntaram a ele também, à causa, para ajudar e conseguimos mostrar que era possível chamar a atenção sem a quebradeira que o MST e companhia costumavam fazer.

Duas mil pessoas foram pedir pelo *impeachment* no dia da Proclamação da República, 15 de novembro, em Brasília. O NasRuas, mais uma vez, esteve presente. Representamos, todos os presentes, a sociedade brasileira, cansada de ser enganada. As roupas verde e amarelo simbolizaram, em todos os atos, o sentimento patriota existente dentro de nós.

Nossa bandeira, representada por essas cores e pelo branco e azul, estava manchada, suja, sendo destruída. O vermelho do comunismo, da podridão esquerdista estava a poucos passos de dominar nossa pátria. Contudo, o sangue brasileiro, aquele sangue que não desiste nunca até alcançar a vitória, foi mais forte do que qualquer ideologia destruidora.

Nas páginas anteriores citei que alguns nos acusavam de sermos aliados de Cunha. Outra mentira que contavam, e seguem contando, é que somos a favor de Michel Temer e o ajudamos a golpear Dilma. Portanto, vamos esclarecer os fatos. É verdade sim que marcamos presença no Congresso do PMDB em 17 de novembro para pedir Temer presidente. É verdade sim que ele hoje é o chefe da nação porque derrubamos Dilma. Mas, como a esquerda sempre esconde informações, até as mais óbvias, para inverter discursos e a realidade, a culpa dele ser o que é não é nossa. É da própria Dilma, do PT. Dos 54 milhões de votos confirmados no número 13.

Para todo cargo executivo no Brasil, seja prefeito, governador ou presidente, existe um sub cargo chamado "vice". No caso, o vice-presidente serve, entre outras coisas, para substituir o chefe de Estado quando este está ausente por algum motivo. E esses motivos podem ser vários, desde uma viagem ao exterior até um... *impeachment*!

Até antes da crise começar, Michel Temer era visto como um "guerreiro", "homem inteligente" e "grande constitucionalista" pelos petistas. Era respeitado e aplaudido. De repente, quando a sociedade se revoltou contra o PT, e o vice assumiria a presidência, porque é assim que manda a Lei, ele se tornou "golpista e mentiroso". Sejamos honestos, não fomos nós quem escolhemos Temer presidente. Sua ascensão ao cargo deveu-se pelo simples fato de que está na Constituição.

Fui a única porta voz de movimento que não tinha medo de tocar neste fato, de que Michel Temer seria o próximo presidente. Era isso ou o caos. Era isso ou a queda da chapa, que o TSE negou provimento, e se houvesse a queda da chapa, haveria outros problemas, como Cunha assumir a presidência. E aí? Poderia?

Quem age com malandragem contra o povo não pode escapar como se fosse invisível. Além de Lula e Dilma, erguemos outro boneco inflável para denunciar a palhaçada contra a população.

Toffoleco. Foto: Último Segundo IG

Desta vez, o alvo foi o ministro do Supremo Tribunal Federal (STF) e também, à época, presidente do Tribunal Superior Eleitoral (TSE) José Antônio Dias Toffoli, nomeado por nós de "Toffoleco". No dia 26 de novembro, posicionamo-nos em frente ao Congresso Nacional e, com a ajuda de 100 pessoas, fizemos uma vaquinha e pagamos dez mil e quinhentos reais pelo boneco.

Nota-se uma grande diferença entre os gastos dos políticos e os nossos: em momento algum fomos patrocinados por algum parlamentar ou partido. O dinheiro nunca veio do bolso do cidadão sem a sua permissão. Quem doou o fez por convicção e por vontade própria.

Em entrevista ao *G1*, justifiquei o ato afirmando que "ele (Toffoli) não tem independência. Como já foi advogado do PT, existe claro conflito de interesse". Como pode? Entre 1993 e 1994, Toffoli foi consultor jurídico da CUT Nacional; assessor jurídico da liderança do PT na Câmara dos Deputados entre 1995 e 2000; subchefe para Assuntos Jurídicos da Casa Civil da Presidência da República de 2003 a 2005, no governo Lula; e ministro-chefe da Advocacia-Geral da União de 2007 a 2009. Neste último ano citado, foi indicado pelo então presidente da República para assumir o cargo de ministro do STF, sendo nomeado em 1º de outubro pelo presidente em exercício José Alencar.

É por casos como esse que o povo não dá credibilidade nem mesmo à maior Corte do país. Toffoli não tinha, e não tem, imparcialidade para ser o que é. É necessário que se acabe, com urgência, as indicações para ministros do Supremo. Defendemos que se chegue a tal cargo através de aprovação em concurso público.

O boneco também serviu para pressionar o Congresso a aprovar a lei do voto impresso, proposta pelo deputado Jair Bolsonaro. Sem o Eduardo Cunha presidindo a Câmara, este projeto não teria passado, em primeiro lugar. E mais tarde, quando Dilma vetou o projeto sob o argumento de que sairia muito caro acoplar impressoras às urnas eletrônicas, o Congresso derrubou o veto da ex-presidente, com os votos de 368 deputados e de 56 senadores. Assim, segundo a Lei 13.165/2015, no processo de votação eletrônica, a urna deveria imprimir o registro de cada voto, que será depositado em local lacrado, sem contato manual do eleitor. Ainda de acordo com a legislação, essa regra deve valer nas próximas eleições gerais, em 2018, mas o STF a tornou inconstitucional, um verdadeiro escárnio com a população.

Em 28 de novembro participei, representando o NasRuas, do Conclave de São Paulo pela Democracia, onde foram discutidas a política na América Latina e como agir perante eleições duvidosas, como as do Brasil. O evento foi realizado pelo Instituto Interamericano da Democracia (IDD). Ministrei a respeito do "O papel dos movimentos populares democráticos no Brasil", junto com Luiz Philippe Orleans e Bragança, do Movimento Acorda Brasil.

CAPÍTULO 13

EDUARDO CUNHA ABRE PROCESSO DE *IMPEACHMENT*

Conforme adiantei em capítulo anterior, finalmente, em 2 de dezembro de 2015, deu-se o início do que já era pedido pelo Nas-Ruas desde abril e pela professora Janaina Paschoal desde 1º de setembro daquele ano: o processo de *impeachment* foi instaurado na Câmara dos Deputados, após autorização do presidente Cunha. Ele deu andamento ao pedido redigido pela Janaina Paschoal, assinado por Dr. Hélio Bicudo e Dr. Miguel Reale Júnior, além da minha assinatura, representando 43 movimentos por todo o Brasil. Era um grande orgulho e havia embasamento, contendo, entre outras coisas, as pedaladas fiscais de Dilma, que é o atraso de repasses a bancos públicos com o objetivo de cumprir metas parciais do orçamento nacional, praticadas não só em 2014, antes da eleição, mas também naquele mesmo ano de 2015.

Dilma havia descumprido a Lei de Reponsabilidade Fiscal porque editara decretos, sem a autorização do Congresso Nacional, que liberavam créditos extraordinários mesmo depois das suas contas reprovadas de 2014, ou seja, ela não teria limites. Ambas as atitudes da então presidente eram passíveis de processo de *impeachment*, como descreve claramente a Constituição Federal.

Em coletiva de imprensa, Eduardo Cunha afirmou: "quanto ao pedido mais comentado por vocês, proferi a decisão com o acolhimento da denúncia. Ela traz os decretos editados em descumprimento com a lei. Consequentemente, mesmo a votação do PLN 5 [projeto de revisão da meta fiscal de 2015] não supre a irregularidade".

Para fomentar a discussão na imprensa, entrei com novo pedido de *impeachment*, no dia 9 de dezembro. O motivo maior era gerar discussão na imprensa e provar que razões não faltavam para a derrubada de Dilma. Desta vez, apontamos as "pedaladas mentais". À *Folha de S. Paulo* expliquei nossa argumentação. Confira abaixo a matéria:

"Causa riso e desgosto. A Lei 1.079/50, que regula o impeachment, *tem no capítulo 5º, artigo 9º, inciso 7 o seguinte: proceder de modo incompatível com a dignidade, a honra e o decoro do cargo", explica Carla Zambelli, do grupo Nas Ruas, um dos signatários do documento.*

Zambelli cita como "pedaladas mentais" o discurso da presidente nas Nações Unidas sobre a inexistência de tecnologias para "estocar vento" e a fala em que Dilma trata da comunhão do milho com a mandioca para depois saudar a raiz típica brasileira.

Há ainda menções à metáfora que Dilma declarou ter usado em conversa com o presidente dos EUA, Barack Obama, sobre a pasta de dente não retornar ao dentifrício depois de apertado, e à referência a "mulheres sapiens". Completa a lista de "pedaladas mentais" a declaração dada no Dia da Criança em que a presidente parabeniza os pequenos brasileiros dizendo: "Sempre que você olha uma criança, há sempre uma figura oculta, que é um cachorro atrás" (sic).

"É isso o que você espera de uma presidente?", questiona a militante. O documento alega que tais "fatos notórios e de domínio público" são objeto de deboche da população, comprometendo a sociedade brasileira, a economia, a política e as instituições.

Entre os movimentos representados por Zambelli no pedido estão Nas Ruas, Acorda Brasil, Movimento Pró Brasil e Comando Nacional dos Transportes.

"Queremos mostrar que motivos não faltam para que se realize o impeachment *da presidente", diz Zambelli.*

Como já lhes contei, encerramos 2015 com um ato preparatório para a grande manifestação de março de 2016. No dia 13 de dezembro o Brasil foi para as ruas pedir pelo *impeachment*. Em todos os estados, mais de 300 municípios registraram protestos. Desta vez, não só pedíamos pela saída de Dilma, como também comemorávamos a aceitação da denúncia e exigíamos a prisão de Lula, já que, uma semana antes, o Ministério Público tinha pedido sua prisão preventiva. A Polícia Militar contou 83 mil pessoas em todo o Brasil.

No dia 3 de dezembro foi lido o parecer de Cunha e cinco dias depois como seria composta a comissão e depois como se daria a votação a admissibilidade do *impeachment* na Câmara e depois do julgamento no Senado. Mas diante de uma manobra jurídica, o PT recorreu ao Supremo Tribunal Federal para tentar conseguir uma votação a mais no Senado para a admissibilidade, fazendo com que todo o processo se atrasasse muito, conforme relatado em 9 de dezembro de 2015.

Impeachment: eleita chapa da oposição

Instalação da comissão, marcada para hoje, foi adiada por decisão de ministro do STF, que vai analisar rito de votação

Era necessário, dali em diante pressionar não só a base de oposição, mas também o PMDB a firmar publicamente sua posição diante do *impeachment*. Era necessário que Temer quisesse vestir a faixa, devendo também afastar o Picciani da sua liderança na Câmara.

Eu entrei para a cirurgia e a Valéria Andrade ficou responsável pelo NasRuas, quando voltei à ativa, percebi que muitos tinham perdido o ânimo, sem uma pessoa ativa à frente, não só para fazer a página com todas as notícias, mas para dar a cara mesmo.

E assim terminamos mais um ano. Era hora de nos prepararmos para 2016, que prometia fortes emoções.

CAPÍTULO 14

2016 COMEÇA A TODO VAPOR

Todas as expectativas estavam voltadas para o dia 13 de março, quando ocorreria mais uma manifestação pelo *impeachment*. O PT, talvez ainda achando que tinha alguma força perante a população, foi ao ar para "denunciar o golpe". Até hoje não sei se realmente acreditam que o povo dá importância a eles ou se apenas têm

Lula é levado coercitivamente para prestar depoimento.
Foto: jornal *O Globo*

interesse em provocar bagunça e briga. Assim como já havia se tornado rotina, os brasileiros, em todos os cantos da nação, fizeram mais um panelaço durante o programa partidário do Partido dos Trabalhadores de 26 de fevereiro.

Um dos primeiros sinais de que a Justiça não havia "esquecido" de Lula foi dado na sexta-feira, 4 de março. Naquela manhã, a Polícia Federal bateu à porta do apartamento do ex-presidente, em São Bernardo do Campo (SP), para levá-lo coercitivamente para prestar depoimento à PF. A ação fez parte da 24ª fase da Operação Lava Jato, chamada de *"Aletheia"* que, em grego, significa "busca da verdade".

A verdade que todos já desconfiavam. Lula, o grande chefe da quadrilha criminosa liderada pelo PT.

À época havia já evidências de que o ex-presidente recebeu valores oriundos do esquema descoberto na Petrobras por meio de um apartamento triplex do Condomínio Solaris, no Guarujá (SP). Ele teria recebido também pelo menos R$ 1 milhão, em 2014, sem aparente justificativa econômica lícita da OAS para reformas e móveis de luxo. Como se ainda fosse pouca coisa, Lula era suspeito de ter sido beneficiado com obras no sítio em Atibaia, além de pagamentos a ele feitos por empresas investigadas na Lava Jato, a título de supostas doações e palestras.

Escrevendo o livro em 2018, fico me perguntando quem contrataria Lula para palestras com valores acima de 500 mil reais. Ainda há muito o que se investigar, lavagem de dinheiro, caixa preta do BNDES, empréstimos a outros países parceiros; não só um apartamento no Guarujá ou o sítio de Atibaia.

A festa foi grande em todo o Brasil. Milhares de brasileiros celebraram a decisão do juiz Sérgio Moro. Em Curitiba, Jair Bolsonaro, seus filhos deputados e Fernando Francischini, também parlamentar, comemoraram a condução. Em frente à sede da Polícia Federal, junto com manifestantes, eles soltaram rojões para marcar a data. À noite, quando o Jornal Nacional, da *Globo*, noticiou o acontecimento, ouviu-se gritos de alegria e buzinaços por todo o país.

Deputados Bolsonaro e Francischini comemorando condução coercitiva de Lula.
Foto: *Focando a Notícia*

Eu estava em Curitiba e, por estar lá, fiz um vídeo às 2h00 da manhã do dia 3 para o dia 4 de março levantando a possibilidade de Lula ser preso no dia seguinte, e brincando: Eu "Moro" do coração. Às 6h00 meu telefone não parava de tocar, minha mãe queria me dar a notícia. Desci para o café, encontrei o parceiro de guerra, Tomé Abduch e ele, por diversas vezes, teve que pedir para eu baixar o tom de voz; eu não me aguentava de tanta felicidade.

Começamos a planejar a saída às ruas, liguei para São Paulo e planejamos a exposição do Pixuleco na Paulista, convidei outros movimentos que não aceitaram chamar em conjunto, então eu e Tomé fizemos uma chamada: estaríamos em Curitiba e pedíamos que os brasileiros estivessem em todas as capitais do Brasil, celebrando a justiça.

Liguei para casa e meu filho me perguntou, com uma voz explodindo de felicidade: "Mãe, agora você terá mais tempo para mim, que o Lula foi preso?"

Ninguém sabia se aquela condução era coercitiva, uma prisão preventiva, temporária... havia conspirações de todas as partes. E naquela noite o brasileiro deu mais um *show* de cidadania e de crença na justiça.

O Pixuleco do Movimento Brasil foi erguido pelo NasRuas à noite na Paulista

O povo ainda não tinha a informação, mas antes mesmo da 24º operação, no dia 27 de fevereiro, dias antes da condução coercitiva de Lula, ele já falava com Rui Falcão:

– É, eu tô esperando segunda-feira. Eu tô esperando segunda-feira a Operação de busca e apreensão na minha casa, do meu filho Marcos, do meu filho Fábio, do meu filho Sandro, do meu filho Cláudio. Ou seja, ele *já sabia* antecipadamente da operação de 4 de março e buscou ajuda de membros do Ministério Público Federal e principalmente do Supremo Tribunal Federal.

Eugênio Aragão também estava envolvido: "Ele deveria cumprir seu papel, ele parece nosso amigo, mas parece, parece". Dilma foi questionada sobre quem deveria investigá-lo, o processo estava nas mãos de Rosa Weber e falou sobre isso com Jacques Wagner. A ministra negou o recurso de Lula à época. Neste dia ele também fala mal de Janot: "Essa é a gratidão que ele tem por ser procurador".

Toda e qualquer indicação política gera isto? Gratidão?

Com Pezão também houve conversa neste mesmo dia: "Da próxima vez, vê se o Sr. me para com essa vida de pobre, com essa tua alma de pobre, comprando estes barcos de merda, sitiozinho vagabundo, o Sr. é uma alma de pobre. Eu, todo mundo fala aqui, esse sítio dele se fosse aqui não seria em Petrópolis, seria em Maricava".

Realmente, o triplex de Lula é no Guarujá e não na Riviera de São Lourenço. O sítio é em Atibaia e não em Campos do Jordão. E os corruptos brincam que isso traduz a alma de pobre do Lula. Mais do que pobre de origem, Lula é pobre de espírito, de honra, de fé, de honestidade. Todas estas virtudes não lhe faltam parte, são inexistentes. Ele é, definitivamente, o maior bandido de todos os tempos.

Nelson Barbosa, ex-ministro da Fazenda, também foi pressionado naquele mesmo dia: "É preciso saber o que a Polícia Federal está gravando, o que a Receita Federal está fazendo".

Tudo isso só veio à tona no dia 16 de março, com outros áudios explosivos e meses depois, houve uma operação na Polícia Legislativa Federal, que retirou mais de uma dezena de maletas com escutas profissionais dos seguranças de Renan Calheiros. Está tudo interconectado, os ministros do Supremo estão nas mãos de Lula e de Renan Calheiros.

CAPÍTULO 15

O 13 DE MARÇO NO BRASIL

Enfim chegou: 13 de março, o dia em que o Brasil viu a sua maior manifestação acontecer. Nas cinco regiões, em ao menos 239 municípios, milhões de pessoas, mais uma vez, exigiram o "Fora Dilma", a prisão de Lula e reforçaram o apoio à Lava Jato e a Sérgio Moro. De acordo com as Polícias Militares dos estados, mais de 3,6 milhões de brasileiros (6,9 milhões segundo os organizadores) foram às ruas pedir por ética, decência, transparência e respeito ao dinheiro público.

Capital São Paulo nas ruas. Foto: *Estadão*

Na Av. Paulista, mais de 2 milhões de brasileiros lotaram a via pública. Em Maceió, 25 mil; no Macapá, 1 mil; 35 mil em Manaus; 20 mil em Salvador; 100 mil em Fortaleza, de acordo com os organizadores (A PM não divulgou números); 100 mil em Brasília; 120 mil em Vitória; 60 mil em Goiânia; 4 mil em São Luís; 32 mil em Cuiabá; 100 mil em Campo Grande; 30 mil em Belo Horizonte; 50 mil em Belém, segundo a organização do protesto; 2 mil em João Pessoa; 200 mil em Curitiba; 120 mil em Recife; 3 mil em Teresina; 1 milhão do Rio de Janeiro, de acordo com os organizadores; 8 mil em Natal; 100 mil em Porto Alegre; 2 mil em Boa Vista; 95 mil em Florianópolis; 8 mil em Aracaju; 7 mil em Palmas.

Belo Horizonte nas ruas. Foto: *G1*

Não há palavras para descrever o que foi aquele dia. Olhar para todos os lados e ver um mar de gente, não tinha fim, as pessoas choravam cada vez que colocávamos o hino nacional, o sambista Boca Nervosa cantou em nosso caminhão, uma jornalista disse que de todos os caminhões, o mais "gostoso" de ficar era o nosso, a energia contagiava quem estava ali.

O Marcos do Val, um grande ídolo para mim, passou pelo caminhão, mas levou quase 2 horas para atravessar três quarteirões, não só pela quantidade de gente, mas por ter sido reconhecido pelo público.

Foi naquele dia que conheci outro ídolo: Lobão. Ele estava passando no meio das pessoas, quando alguém me avisou e eu pedi que ele subisse. Sem cerimônia ele veio e falou a um público que vibrava a cada sentença sua. Também vieram Chiquinho Scarpa, Otávio Mesquita, se não me engano... rs... era gente demais, alegria demais. Há alguns meses eu gravava um documentário para o caso de eu morrer em uma cirurgia e ali, menos de 3 meses depois eu estava na maior manifestação política da história do ocidente.

Curitiba nas ruas. Foto: *G1*

Porto Alegre nas ruas. Foto: *G1*

Meu filho, meus pais, meu irmão com sua família e meus primos com suas famílias, participaram o tempo todo. Uma pena os filhos da minha irmã não poderem estar presentes. Eu havia mandado uma mensagem para meu ex-cunhado lhe pedindo que os deixassem comigo, afinal, já era notório que seria a última grande manifestação no Brasil e ele respondeu: "Nem fodendo". Me desculpem o palavreado, mas foi exatamente assim.

Salvador nas ruas. Foto: *G1*

Manaus nas ruas. Foto: *G1*

Além das capitais, os municípios do interior do país também protestaram. No estado de São Paulo, também conforme a Polícia Militar, 400 mil pessoas se manifestaram em cidades como Araçatuba, Campinas, Catanduva, Ribeirão Preto e Taubaté. Os dados foram retirados do *site* do *G1*.

Araçatuba/SP nas ruas. Foto: Leonardo Balsalobre

São José do Rio Preto/SP nas ruas. Foto: *G1*

Ao lado das pautas acima citadas, defendemos a Operação Lava Jato e entoamos o nome do juiz que fez o que ninguém poderia imaginar que um dia aconteceria: julgar políticos corruptos e mandá-los à cadeia: Sérgio Moro, homem corajoso, honesto e eficiente. Pessoas como ele nos dão esperança de que nossa nação não seja "terra de ninguém". Por mais que haja muita impunidade, ainda há sim Justiça. Que surjam cada vez mais outros Moros para defender o Brasil.

CAPÍTULO 16

LULA MINISTRO? SÓ POR UM TEMPINHO...

Conforme adiantado há pouco, afrontando o povo brasileiro, três dias após os protestos, Dilma Rousseff anunciou que Lula se tornaria ministro da Casa Civil, no lugar de Jaques Wagner. O propósito era livrar o ex-presidente das mãos de Sérgio Moro, já que o juiz fazia com eficiência o seu trabalho. Segundo a lei do Brasil, aqueles que assumem uma pasta no governo federal estão livres de julgamentos em varas criminais comuns. As eventuais ações são julgadas exclusivamente pelo STF.

E, como todos sabem, nosso Supremo não é referência no combate à corrupção. Os inúmeros processos espalhados só mostram que quem possui foro por prerrogativa de função, o dito foro privilegiado, tem, na verdade, um salvo conduto eterno. Se eles quiserem prejudicar alguém, seja este realmente culpado ou não, a facilidade é grande. Agora, se preferirem relaxar, quem os impedirá? Como chegam ao cargo graças a indicações políticas, é difícil acreditar na transparência e independência do órgão? Isto não só é lamentável, mas extremamente perigoso para o verdadeiro processo democrático de direito.

Diante desta barbárie, Sérgio Moro retira o sigilo de conversas telefônicas do petista em que consta, inclusive, diálogo com Dilma sobre sua nomeação a ministro. Moro disse que "pelo teor dos diálogos gravados, constata-se que o ex-presidente já sabia ou pelo menos desconfiava estar sendo interceptado pela Polícia Federal, comprometendo a espontaneidade e a credibilidade de diversos dos diálogos".

Foi um reboliço total. A oposição ao PT celebrou a ação do juiz e criticou o teor das conversas. Os defensores vermelhos falaram que houve arbitrariedade na decisão do magistrado. Confira o diálogo divulgado:

> Dilma: – *Alô.*
> Lula: – *Alô.*
> Dilma: – *Lula, deixa eu te falar uma coisa.*
> Lula: – *Fala, querida. Ahn?*
> Dilma: – *Seguinte, eu tô mandando o 'Bessias' junto com o papel pra gente ter ele, e só usa em caso de necessidade, que é o termo de posse, tá?!*
> Lula: – *Uhum. Tá bom, tá bom.*
> Dilma: – *Só isso, você espera aí que ele tá indo aí.*
> Lula: – *Tá bom, eu tô aqui, fico aguardando.*
> Dilma: – *Tá?!*
> Lula: – *Tá bom.*
> Dilma: – *Tchau.*
> Lula: – *Tchau, querida.*

"Tchau, querida". Termo muito bem utilizado por Lula e que serviu para toda a nação, até hoje, enquanto escrevo este livro não me sinto bem ao ouvir este termo "Tchau, querida". Há poucos dias o utilizamos muito para dar adeus à Lula, que foi preso: "Tchau, querido".

No dia seguinte, Lula tomou posse. O auditório do Palácio do Planalto estava cheio – de petistas – para acompanhar a cerimônia. Todos estavam felizes, aliviados, provavelmente pensando "– Derrotamos os golpistas". No entanto, não por muito tempo. A alegria dos corruptos durou pouco, diversas ações pipocaram pelo país, para evitar este crime de *obstrução da justiça*.

Poucas horas após a nomeação, o juiz da 4ª Vara da Justiça Federal, Itagiba Catta Preta suspendeu a posse do ex-presidente. A decisão foi tomada baseada em uma liminar do advogado Enio Meregalli Júnior. De acordo com a notícia do *site Valor Econômico*, Itagiba "afirmou que a posse e exercício no cargo 'podem ensejar intervenção indevida e odiosa' na atividade policial do Ministério Público e do Poder Judiciário". Vitória!

Foi por pouco tempo, Lula... Pouco tempo. Foto: revista Época

Várias ações foram e voltaram o tempo inteiro e por fim, no dia 18 de março, o ministro Gilmar Mendes suspende a nomeação de Lula, em decisão onde afirmava ter visto intenção de Lula em fraudar as investigações sobre ele na Operação Lava Jato. Era uma clara tentativa de obstrução da justiça.

Entretanto, na mesma época o ministro Teori Zavaski decidiu que os áudios não poderiam ser utilizados para as investigações, como se fossem provas ilícitas. E por este motivo, fizemos o boneco Teoridra. A iniciativa foi uma crítica à decisão do ministro Teori, que na semana anterior obrigara o juiz Sérgio Moro a encaminhar todas as investigações na Lava Jato, envolvendo o ex-presidente, ao STF.

Além disso, Teori criticou o juiz Sérgio Moro por tornar públicos os áudios do ex-presidente Lula. Na nossa visão, aquela ação visava proteger não somente Lula, como também a ex-presidente Dilma, por ter colaborado com a obstrução da justiça. Aquela decisão monocrática simbolizava a impunidade.

Grupo pró-impeachment infla boneco de ministro do STF na av. Paulista

Mas o juiz Sérgio Moro já tinha deixado sua marca na história, mostrando que um juiz pode e deve se utilizar da verdade para libertar um povo. E aqueles áudios libertaram o brasileiro para a verdade a respeito do que Lula pensava e como agia. Era o começo do fim do PT.

CAPÍTULO 17
A BATALHA PELO *IMPEACHMENT* CONTINUA

A comissão do *impeachment*, presidida por Rogério Rosso (PSD), na Câmara foi pesada, marcada pela esquerda tentando derrubar as sessões, tumultuar e constranger as testemunhas favoráveis à destituição de Dilma. Mesmo assim, ele conduzia as sessões com maestria e firmeza. Fiz questão de assistir presencialmente o debate no dia da oitiva de Janaina Paschoal e Miguel Reale Júnior, autores do pedido de impedimento da então presidente. A vista que se podia ter era de uma sala cheia e dividida, entre cartazes com dizeres do *impeachment* (estranhamente os deputados imprimiram em vermelho) e contra o que a esquerda chamou de "golpe".

Por várias vezes tentei tirar fotos de um deputado petista, que ficava com o cartaz pró-Dilma levantado, mas, ao me notar, escondia o rosto atrás da plaquinha, para não ser identificado. Em um determinado momento, a própria Janaina lhe disse: "Deputado, com todo respeito, o senhor vai ficar com o braço cansado". Mal sabia ele do poder de resiliência daquela mulher que o Brasil ainda desconhecia.

É claro que aquela batalha não seria nada fácil. Por mais que a população já não aguentasse mais o desgoverno do PT, ainda havia muita gente que, não sei como, defendia Dilma. Não importava os mais de 12 milhões de desempregados, a inflação alta, o descrédito do Brasil perante o mundo, o dólar em alta e toda a ineficiência daquele governo.

O discurso adotado era o de que "havia um golpe parlamentar da direita fascista que não aceitava o pobre viajar de avião e muito menos ver uma mulher na presidência". Na verdade, àquela época, milhões de brasileiros já haviam retornado às camadas mais baixas da pirâmide econômica da sociedade. De 2015 a 2017 mais de três milhões de famílias, que subiram para a classe C voltaram às D/E, de acordo com estudo da Tendências Consultoria Integrada.

Mesmo sabendo do desafio, Janaina foi em frente. Que mulher de coragem! Nas sessões da comissão do *impeachment* não a deixavam falar, muito menos completar o raciocínio. Eu não podia deixá-la fazer aquilo sozinha. Tinha que fazer minha parte. Então, enquanto os pró-PT intervinham com dizerem contra o "golpe", eu gritava do corredor palavras de ordem. Tudo foi friamente calculado, para que eles percebessem que Paschoal não estava só.

Minhas manifestações foram tão intensas que Rosso precisou intervir: *"Vou ter que lhe retirar da sala se a senhora não se controlar"*, repreendeu-me o presidente.

– O senhor me desculpe, mas fica muito difícil ouvir esse monte de asneira – eu falava e apontava para os petistas – e ficar calada! – retruquei. Ele, no entanto, permaneceu firme em sua decisão.

– Não, basta a senhora manter a boca fechada, por favor.

Sua elegância foi o que me constrangeu. Ele cumpria seu papel e eu, o meu.

Aquela sessão acabou em meio a muito tumulto. Janaina foi extremamente assediada por jornalistas, ativistas e deputados, porque sua fala foi magnífica. E, como consequência, ela começava a despertar a ira dos petistas, de verdade.

No dia 17 de março foram eleitos os 65 membros da comissão especial que discutiria o *impeachment*. Ela foi formada por parlamentares de todos os partidos e a quantidade definida de acordo com o número de deputados de cada legenda. Foram 45 dias de muita discussão pesada. Mesmo o Brasil já tendo passado por uma fase semelhante, com a saída de Fernando Collor, a maioria da população não se recordava de como se funciona um processo de destituição de um presidente. Vamos relembrar.

Após a criação da comissão, a presidente deve ser notificada e, a partir de então, ela tem 10 sessões para se manifestar. Em 4 de abril José Eduardo Cardozo, advogado-geral da União, apresentou a defesa da petista, com quase 200 páginas de argumentações. A partir daí a comissão criada tem um prazo de cinco sessões para votar o relatório final, que indicaria pelo andamento do processo ou pelo seu arquivamento. No caso, o parecer foi favorável à continuidade.

O papel da Janaina Paschoal, neste momento do processo de *impeachment*, começou a ficar bem claro, era ela quem defendia cada ponto, cada "quantia" das pedaladas, cada artigo que afetava a lei do *impeachment*. E no mesmo dia em que Cardozo apresentava a defesa de Dilma, o Largo São Francisco era palco de uma manifestação de alunos, juristas, professores e população a favor do *impeachment*. Várias pessoas falaram, dentre elas, Dr. Hélio Bicudo, que antes de começar seu discurso ouviu da plateia uma pessoa gritar: "Tem moral e tem história", seguido de aplausos. Sim, Dr. Hélio tinha moral, porque deixou o PT quando percebeu que se tratava de uma quadrilha.

> *Estamos em pleno Largo de São Francisco, onde é um território livre para que nós possamos nos expressar como brasileiros e como professores (...). Não aceitamos que o Brasil continue submetido aos desígnios de um governo injusto, mais do que injusto. Nenhum político tem o direito de ficar no poder contra a vontade do povo (...). Nenhum deputado e nenhum senador está autorizado a votar contra os interesses da nacionalidade. Meus amigos, devo dizer-lhes que ao longo dessa minha longa jornada de quase um século, jamais vi tanta podridão, jamais vi tantos desvios, jamais vi tantos abusos e desmandos perpetrados precisamente por aqueles que se proclamaram os salvadores da pátria. Já ninguém duvida, o povo está conosco e é a voz do*

povo que fala pelas nossas bocas, os fatos estão aí, são notórios. A nação foi saqueada por criminosos que tomaram conta do poder. Nós, nos estritos termos da constituição, é preciso dar um basta! Um basta à Dilma! A todo este descalabro, na verdade eu nunca vi tanta pouca vergonha a tomar conta deste país (...). Não nos deixemos intimidar pelos inimigos da democracia. Impeachment Já!

Outros juristas, magistrados e professores falaram, mas foi Janaina Paschoal quem arrancou lágrimas do povo que ali estava:

Boa noite a todos. (...). Aqui, na porta da minha casa, eu queria aproveitar pra agradecer todos os meus professores, desde o Jardim, até o final do Doutoramento, porque eles me ensinaram a colocar o conhecimento a serviço da nação. Quero agradecer a todos os meus familiares, na pessoa do meu falecido avô pernambucano, Júlio Paschoal, que me ensinou que "vale a pena ser honesto". Tomando exemplo do meu avô e dos meus mestres, que muitos deles estão aqui, eu gostaria de pedir aos nossos Parlamentares, que nós aproveitemos esta oportunidade pra acabar com esta história de "alto clero e baixo clero". Deputado é Deputado. O que está acontecendo é que as cobras que se apoderaram do poder estão se aproveitando das fraquezas humanas para se perpetuarem. Quais são as características dessas fraquezas? A sede de poder, a sede de dinheiro, e o medo.
Eles se fortalecem do nosso medo, eles se fortalecem na ambição desmedida. Eu pergunto aos senhores, pra que uma pessoa, um diretor da Petrobrás, que devolveu 98 Milhões à Operação Lava Jato, queria tanto dinheiro? Quantas vidas uma pessoa tem que ter para gastar tudo isso? Estamos num momento de reflexão, mais do que parar para refletir sobre o impeachment, que há motivos de sobra, como todos aqui já falaram, e eu também já falei, é um momento de discutir, a que Deus nós queremos servir? É o dinheiro? Nós queremos servir a uma cobra? O Brasil não é a República da cobra. Nós somos muitos Hélios, muitas Lúcias, muitas Janainas, muitos Celsos e muitos Danieis. Derrubam um! Levantam-se dez!!! Nós não vamos deixar essa cobra continuar dominando as nossas mentes, as almas dos nossos jovens, porque os professores de verdade querem mentes e almas livres.

> *Por meio de dinheiro, por meio de ameaças, por meio de perseguições, por meio de processos montados, e eu sei do que estou falando, porque estou defendendo muito perseguido político. Eles querem nos deixar cativos, mas nós não vamos abaixar a cabeça. Desde pequenininha, o meu pai me dizia: "Janaina, Deus não dá asa para cobra", mas aí eu digo pra ele: "pai, as vezes a cobra cria asas", mas quando isso acontece, Deus manda uma legião pra cortar as asas da cobra.*
>
> *Nós queremos libertar nosso país do cativeiro de almas viventes, não vamos abaixar a cabeça pra essa gente, que se acostumou com discurso único. Acabou a República da cobra!*

O povo explodiu em aplausos após a fala da Janaina. Este discurso dela ficou famoso, porque num dado momento, ela girou a bandeira do Brasil. Quem não for petista, quem estava ali, pessoalmente, quem lê este discurso com olhos sem pré-conceito, terá que admitir que foi perfeito.

Em uma conversa com uma de minhas mentoras pessoais, Neide Guimarães, falávamos sobre as palavras da Dr. Janaina, acima. E Neide questionou, afinal, o que é autoridade? Até que ponto somos responsáveis pela desordem que impera em nossa nação nos dias de hoje? Vemos, no decorrer dos anos, a História se repetir, como uma grande engrenagem num círculo vicioso.

Levantam-se reis, figuras proeminentes, representantes do povo, governantes que são revestidos de autoridade que mediante as leis vigentes de cada país, governam. Alguns, bem poucos, governam "para o povo" e suas necessidades; porém a grande maioria governa com "mão de ferro", são amantes de si mesmos, corações pervertidos, cheios de ganância e sede de poder. São verdadeiras cobras, que desde o Jardim do Éden, se levantam para enganar, coagir e hipnotizar a muitos.

Daí vem o medo. Ah! O medo que nos paralisa tornando-nos indefesos, e isso serve como combustível para a sede de poder que eles têm. Neide me explica:

> *O "deus" que os rege é Mamon, e em nome desse "deus" eles destroem e matam suas presas. Porém há um tempo determinado para tudo debaixo do céu,*

esses inimigos se levantam sim, mas se levantam para cair, pois Deus leva cativo ao cativeiro e assim libertando mentes e corações acorrentados.

Uma nação é como uma gota no oceano para o Deus Eterno, que envia o seu exército de anjos para pelejar por nós, fazendo assim justiça em uma Terra Caótica, que está sendo dominada pelo mal, pela serpente, que é o mais sagaz animal selvático.

Aqui, a Dra. Janaina nos faz uma pergunta: a que Deus queremos seguir? O Deus Todo Poderoso nos tem dado o poder de pisarmos na cabeça da cobra, destruirmos todo o seu veneno, e assim vermos livres nossas mentes e almas. Não vamos baixar nossas cabeças. Realmente, acabou a República da cobra!

E Neide terminava sua explicação sobre o discurso da Janaina com uma citação da Bíblia: *"Para aqueles que temem a Deus, nascerá o sol da justiça"*. Aquele discurso atingiu o nervo do PT, do Lula. A partir daquele dia, Janaina já seria vista com outros olhos por todos, contra ela ou a favor dela. A partir daquele dia, para mim, ela se tornou maior que a própria peça que escreveu. E para o PT, ela passou a ser um alvo, que tentariam destruir.

Em 11 de abril, a comissão votou "sim" ao relatório, com o placar de 38 a 27. Eram necessários 33 votos para a aprovação. O parecer é, então, lido no Plenário da Câmara e publicado no *Diário da Câmara*, o que ocorreu no dia 13. A Lei afirma que, 48 horas após a publicação, ele é incluído na Ordem do Dia. A partir de então, os parlamentares discutem o relatório. Neste caso, os debates duraram três dias.

Naquele mesmo 13 de abril, eu estava andando nas dependências da Câmara quando me encontrei com a deputada Moema Gramacho (PT), que estava almoçando. Como ela é colega de partido de Hoffmann, fui entregar-lhe uma cartela de cigarros para que ela a desse à Gleisi.

Meu ato foi de solidariedade (rs), já que sabia que em breve ela iria encrencar-se com a Justiça e, depois, presa. Revoltada, Gramacho não quis aceitar meu presente e começou a me pressionar para que eu gritasse "Fora, Cunha". "Você apoia o Cunha?", perguntou. Eu respondi o óbvio: "não". A todo custo ela queria que eu pedisse pela saída dele. Eu disse que não o faria, pois a prioridade do momento era a queda de Dilma. Coitada, ficou muito enfurecida.

Assinado pelo Dr. Dircêo Torrecillas, o livro *Impeachment, Instrumento da Democracia*, com diversos autores, todos grandes nomes do Direito brasileiro, o livro foi lançado no dia seguinte, 14 de abril, na Câmara de Deputados:

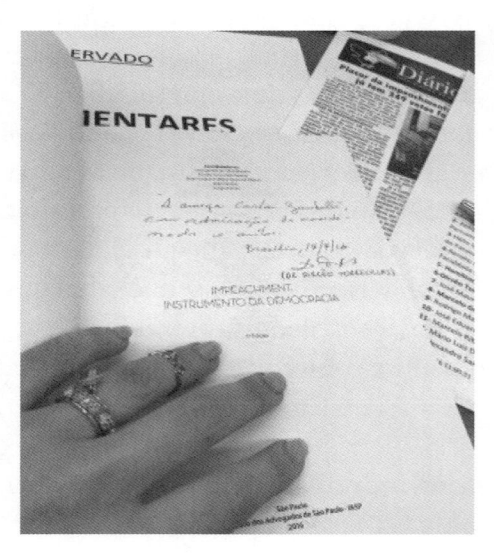

Enquanto eu assistia a palestra dos juristas e de alguns deputados, fui avisada pelo senador Agripino Maia que Gleisi Hoffmann mostrava minha foto no Senado, dizendo:

— Essa senhora aqui, que eu consegui identificar o nome dela por terceiros, chamada Carla Zambelli, agrediu uma deputada nossa. Ela foi lá agredir a deputada Moema Gramacho, dizendo que tinham que me prender, prender os petistas – e continuou seu discurso de ódio.

Dias depois tivemos uma reunião com líderes de movimentos, como Alessandra Pinho, Ricardo Noronha, Rogério Chequer, Patrícia Bueno, e a Polícia Legislativa Federal precisou me escoltar para fora da Câmara, pois servidores do PT queriam me agredir.

Hospedei-me no Royal Tulip para acompanhar as negociatas de quem iria conversar com Lula em seu Quartel General. E no dia 15 de abril de 2016, o primeiro que reconhecemos foi Waldir Maranhão, que com aquele bigode era impossível passar despercebido, então fiz um vídeo que viralizou nas redes sociais naquele dia e depois, quando assumiu temporariamente a presidência da Câmara dos Deputados.

Ele era o vice-presidente, não tinha publicado seu voto ainda, então me aproximei dele:

Carla Zambelli (CZ): – Todos estão pedindo fora Cunha, mas se ele sair, é o senhor quem assume a presidência da Câmara?

Waldir Maranhão (WM): – Bom, eu sou o vice-presidente.
CZ: – Aí o senhor assume durante algum tempo... porque o senhor está na Lava Jato, no petrolão, não está? Porque as pessoas falam tanto do Cunha, que ele é ladrão, mas o senhor também está na Lava Jato, né?
WM: – Quem que é ladrão?
CZ: – Dizem que Eduardo Cunha é ladrão, além da Dilma, Lula, aí o PT fica gritando "fora Cunha", mas esquecem que o senhor também está no petrolão e seria o próximo presidente da Câmara. Ou eu estou errada e o senhor não está no petrolão?
WM: – Vamos aguardar os fatos.
CZ? – Mas existe o fato de que o senhor está no petrolão.
WM: – Vamos aguardar os fatos.
CZ: – O senhor está vindo negociar com o Lula?
WM: – Não...

No entanto, Waldir Maranhão entrou no saguão do hotel onde Lula estava hospedado. Pouco tempo depois, Patrícia Bueno percebeu que Gilberto Carvalho, ex-ministro de Lula, estava ali na calçada em frente ao hotel. Se aproximou e começou a conversar com ele. Me chamou muito a atenção quando ele disse que Lula e o PT tinham mudado o destino do país, e ela pacientemente levava a conversa para o fato de que Lula tentava se tornar ministro para ter foro privilegiado, sempre com tato, como boa advogada que é:

Patrícia Bueno (PB): – Você tem orgulho dos seus companheiros presos?
Gilberto Carvalho (GC): – Eu tenho orgulho de não ser ladrão e de que a imensa maioria dos nossos companheiros não são "ladrão", e os que roubaram, estão presos.
PB: – Não, tem muita gente solta, tentando mudar foro, mudar para Brasília, virar ministro para não ser preso.
Carla Zambelli (CZ): – Eu respeito tudo o que o senhor falou, mas eu te digo uma coisa, nós vamos trabalhar todos os dias para tirar vocês do poder e colocar na cadeia cada um de vocês que acabaram com o Brasil. E esse discurso que vocês fazem já não pega mais a gente, já não pega mais

de 90% do povo brasileiro – eu intervi, já não me aguentando mais, depois de ouvi-lo dizer também que "perdeu um grande amigo" com a morte de Celso Daniel.
GC: – Menina, eu te respeito, mas você não pode dizer que é ladrão!
CZ: – É ladrão e a Polícia Federal está provando que é ladrão.
GC: – Eu sou ladrão?
CZ: – O senhor é, e o senhor vai ser preso também. E eu não vou descansar nenhum dia sequer enquanto o senhor não estiver na cadeia também, o senhor pode ter certeza disso, todos vocês, cada um de vocês, começando pelo chefe – Concluí e ele soltou algumas palavras de blá blá blá de Cunha e voltou para o quarto / QG do Lula.

Passados alguns minutos, seis homens apareceram e um deles falou no meu ouvido que eu acordaria com a boca cheia de formiga. Eu já estava com dois seguranças, depois da Gleisi Hoffmann ter mostrado minha foto no Senado e ser obrigada a sair escoltada da Câmara com os servidores do PT tentando partir para cima de mim. Eles partiram para o saguão do hotel, enquanto eu questionava:

CZ: – Essa ameaça é da parte de quem?
Segurança do Lula (SL): – Não te interessa... do povo, do povo brasileiro. E não vai ter volta!
CZ: – Sei, o povo. E quanto você está ganhando para representar o povo brasileiro?
SL: – Ganho muito bem, e se você botar no papel, eu ganho bem mais do que você.
CZ: – Claro, pois o dinheiro está saindo do meu bolso para ir para o seu!

Quando o segurança do Lula se vira para responder, porque o fazia de costas para mim (tem vídeo na *internet* provando tudo isso), ele diz: – "Filma não, parceiro! Tá filmando porquê? Você tem autorização para me filmar? Tem autorização para me filmar?" Tomé Abduch, que estava filmando, responde: "Ué, estou filmando o que está acontecendo, porque? Não pode?" O homem de mais de 2 metros de altura tira o celular da mão do Tomé e sugere que vai partir para cima, os seguranças do hotel e os meus chegaram junto, assim como os demais seguranças do Lula. O gerente do hotel vem e contorna a situação, pede que os seguranças não fiquem no saguão e a briga é dissipada. Depois que o sangue esfria, a gente vê o que fez. Como Janaina disse na abertura desta sessão do livro: eu ajo mil vezes sem pensar e talvez por isso tenha tanta história para contar para vocês, do que deu certo e do que deu errado.

Essa impulsividade minha em dizer o que meu coração gritava me rendeu ameaças de morte, processos e muita dor de cabeça. Mas, meses depois Gilberto Carvalho entrou contra mim no Tribunal de Brasília, pois já havia perdido em 1ª e recorrera à 2ª instância, achando que ganharia o processo, tentando me arrancar uma indenização. Houve uma sustentação oral por parte do advogado dele, que dissera que eu era uma das maiores líderes do país contra Dilma Rousseff (obrigada – de nada), e depois meu advogado, Dr. Rodrigo Montezuma, sustentou a minha defesa, eximindo Patrícia Bueno de todos os fatos e me colocando como total responsável pelo ocorrido.

Em seguida, passamos a ouvir o voto do desembargador relator e seu parecer me fez perceber que estávamos no caminho certo. O relator falou dos fatos, do papel da pessoa pública, do momento em que vivia o país, relembrou o quanto os ânimos estavam acirrados e enquanto ele lia seu parecer, chorei do começo ao fim, pois fui revivendo aqueles dias tão angustiantes.

No dia seguinte, 16 de abril, Janaina Paschoal soltou um vídeo nas redes sociais:

Senhor Deputado, o senhor está ciente da transitoriedade da vida? Que país o senhor quer deixar para os seus filhos, para os seus netos... Hoje o senhor é autoridade, amanhã, não se sabe! É um país que prima pelo que é correto? É um país em que vigora a Constituição Federal? Ou é um país em vale as malas entregues dentro de hotéis, por criaturas sub-reptícias? Essa decisão, o senhor vai tomar amanhã, escolha amanhã qual o país que o senhor quer deixar para os seus filhos e para os seus netos.

A sempre brilhante Janaina. Sempre dizendo o que nós pensávamos, porém com mais brilho e lucidez.

Neste mesmo dia, subimos em frente ao Royal Tulip uma mortadela *premium* gigante, em homenagem aos militantes do PT e cia. A ideia foi de um grande amigo que não quis aparecer e os detalhes, mais uma vez, foram dados pela Valéria Andrade.

Mostrar que os militantes ganhavam mortadela barata, enquanto Lula estava em um hotel 5 estrelas com seus asseclas, comprando votos para o *impeachment* da marionete.

Manifestantes pró-*impeachment* colocam uma mortadela gigante e pixulecos em frente ao hotel Golden Tulip, onde o ex-presidente Luiz Inácio Lula da Silva está hospedado em Brasília – Fonte: *O Globo*.

Enfim, no dia 17 de abril, aconteceu a votação. Para enviar o *impeachment* para a análise do Senado Federal, eram necessários dois terços dos votos, ou 342 de 513 no total. Ao final, 367 votaram "sim", contra 137 votos "não", sete "abstenções" e duas "ausências".

No dia da votação do plenário, fizemos uma manifestação do lado de fora do Congresso, o "muro da vergonha", como ficou conhecido, era a divisão entre nós e eles. Do lado de lá não se via uma bandeira do Brasil sequer, apenas camisetas vermelhas, símbolos de foice e martelo.

Todo o processo ainda duraria alguns meses. Antes, porém, de vermos como funciona no Senado, vamos relembrar os debates dos dias 15 a 17. A seguir, parte do discurso de Miguel Reale Júnior, que assinou a peça, mas que por diversas vezes tentou fazer com que essa fosse retirada de pauta no Congresso. Pouca gente sabe desta parte da história e talvez ela fique esquecida neste livro, e talvez seja melhor assim, mas até hoje tenho dúvidas do porquê de algumas atitudes dele:

> *Venho aqui em nome de Hélio Bicudo, Janaina Paschoal e em meu nome, no exercício da nossa cidadania, apresentar o pedido de afastamento da presidente Dilma Rousseff. Quero lhe dizer, presidente, que Hélio Bicudo é um democrata reconhecido em todo país. Um heroico e combativo promotor contra o esquadrão da morte e Sérgio Fleury. Janaina Paschoal era uma jovem professora defensora dos Direitos Humanos, que integra Conselho Penitenciário, a luta contra as drogas. E quanto a mim, senhor presidente, quero lembrar um único fato. Vivi momentos importantes da minha vida neste Plenário. Aprendi a respeitar profundamente este Legislativo. Na condição de assessor especial do Dr. Ulysses Guimarães durante a Assembleia Nacional Constituinte. A única apresentação que faço a meu respeito. (...) O que foram as pedaladas? Durante largo tempo, durante um ano e meio, em quantias exorbitantes, como recentemente o Banco Central mostrou, e se volta a timbrar mentirosamente, falaciosamente, que em outros governos houve a mesma coisa. Não houve, é mentira. É mentira. E a presidente, ligadíssima ao secretário do Tesouro Nacional, Arno Augustin, que se reunia costumeiramente, sabidamente criou esta fraude. Não tem dinheiro, o tesouro não tinha dinheiro, e ao invés de tomar as medidas de contenção fiscal, de reduzir seus gastos, seus ministérios e cargos comissionados, de deixar de ter intervenção nos preços do petróleo, do preço de eletricidade, que levou à quebra também das empresas estatais. Ao invés de tomar medidas de contenção e de equilíbrio fiscal, continuou com a gastança para que nos programas de televisão e de eleição de 2014, o seu marqueteiro hoje hóspede da Polícia Federal em Curitiba dizia que o Brasil ia crescer*

4%, que a população teria capacidade de viver com seu salário porque não haveria inflação, era mentira.

E isso continuou em 2015, as pedaladas continuaram a ocorrer em 2015. Continuaram longamente a correr em 2015. Começaram a despedalar no 2º semestre de 2015 e continuam a pedalar ainda. Que que é isto? É não ter dinheiro e dizer para o banco que presta o serviço: "pague por mim". E o banco foi pagando, a Caixa foi pagando, o Banco do Brasil foi pagando, o BNDES foi pagando para empréstimos, financiando as grandes empreiteiras, inclusive algumas envolvidas na Lava Jato, com juros especiais. E a cobertura desses juros era feita pelo próprio BNDES. A Caixa Econômica pagava dados essenciais do governo e o governo dizia: "vai pagando, vai pagando". O Brasil entrou no cheque especial e está falindo. E como foi possível? Porque foi possível esconder essa realidade da população brasileira por meio das pedaladas. E o que é pior: não se inscreveu na dívida líquida do setor público a existência dessa despesa. Cometeu um crime de falsidade ideológica e apresentou-se um superávit primário falso. E vai dizer que isso não é crime? Vai dizer que é golpe solicitar que se afaste a presidente pela sua gravíssima irresponsabilidade em jogar o país na lona, que não há crime? Não é golpe!

(...)

E repito, finalizando. Vossas Excelências são nossos libertadores. Contamos com a compreensão da Casa do Povo, que responderá a esse povo, que encheu as avenidas do país por diversas vezes ao longo do ano de 2015. V. Excelências vão responder com "sim" pelo afastamento da presidente Dilma Rousseff. Muito obrigado.

A esquerda domina os partidos políticos. A grande maioria, ou todos, têm viés oposto à direita. Na verdade, nos últimos anos, declarar-se "conservador, de direita" podia ser considerado palavrão. Hoje, a situação está se revertendo. Por mais que o povo, em sua essência, seja conservador, apenas agora, com as discussões de 2015 pra cá, é que a população começou a entender o que significa ser de direita e se autodescobrir deste lado.

Entretanto, as legendas partidárias tendem ainda a ser de esquerda. E, mesmo assim, o PT não conseguiu unir a sua turma por completo para livrar-se do *impeachment*. A esquerda rebelou-se contra si mesma. Os mais radicais, PCdoB, PSOL e PT, permaneceram 100% com Dilma. Os próximos ao centro dividiram-se entre lá e cá e alguns se debandaram por completo da base aliada.

E claro, não sobrou alternativa senão culpar a direita pelo "golpe". Eles queriam taxar o PSDB para ser o símbolo dos direitistas conservadores e liberais. Mas, desde quando social democracia é direita? Nem os próprios líderes do partido declaram-se assim! Fernando Henrique Cardoso, Aécio Neves, Geraldo Alckmin... Todos se posicionam do centro para a esquerda, quando não são "esquerda pra valer", como Alckmin.

A verdade é que a ideologia amante do Estado grande, do socialismo e, para alguns, do comunismo, não esteve unida para impedir a queda da "presidenta".

CAPÍTULO 18

O DIA DA 1ª VOTAÇÃO DO *IMPEACHMENT*

Após muitos esforços, protestos e muitas ações para derrubar uma mulher que cometeu crime de responsabilidade, parecia apenas um sonho aquele 17 de abril. Não dava para acreditar que, enfim, a tão esperada data chegara. O Brasil amanheceu radiante, com um ar de esperança e clima de confiança. As famílias, em suas casas, tomavam seus cafés da manhã, interagiam e almoçavam. Não havia outro assunto senão a votação do *impeachment*.

Eu estava ansiosíssima. Sei o quão difícil foi chegar até ali. Tantas lutas e dores. Muitas lágrimas derramadas, as incontáveis vontades de desistir. "Por que estou fazendo isso? Tenho tantas responsabilidades, um filho para cuidar, vida social, trabalho... Qual a razão de ter entrado nesta batalha?" Por muitas vezes me peguei fazendo tais questionamentos. Confesso que, por mais que me dedicasse, nem sempre acreditei que chegaríamos a algum resultado.

Portanto, aqui devo agradecer a Deus, pela capacitação mental e física, por cuidar sempre de mim. Ao meu filho e à minha família, pela paciência e força. E claro, a todos os apoiadores do NasRuas, integrantes e público em geral, pela unidade que formamos para mudar esta nação. Sei que há muito a se fazer, mas já mostramos que somos capazes e difíceis de sermos derrotados.

As preparações para assistir à votação começaram. Em muitos lugares o povo se juntou para acompanhar a votação, como se fosse um final de Copa do Mundo. Multidões, novamente de verde e amarelo, para torcer e ver o resultado da pressão feita durante todo o ano de 2015 e início de 2016.

A Câmara dos Deputados virou um circo no dia 17 de abril.
Foto: Último Segundo *IG*

Por volta das 14h00 começou a sessão. E seu início foi bastante tumultuado. Discussões entre o presidente da Câmara Eduardo Cunha, parlamentares da oposição e da base aliada deram o pontapé inicial para aquela tarde, que se estenderia até quase o fim do domingo. Empurrões e bate-bocas paralisaram a sessão por um bom tempo, atrasando todo o processo.

Não me conformo com Janaina Paschoal não estar presente no episódio, mas ao mesmo tempo entendo o fato dela não ter se misturado "àquela gentalha". Aquele Congresso não combinava, nunca combinou com ela, pela maioria das pessoas que estão lá. Mas como seria lindo vê-la ali com iguais, que Brasil nós teríamos!!

O deputado Jovair Arantes (PTB), relator da Comissão Especial do *Impeachment*, discursou durante 25 minutos para justificar o parecer pela saída de Dilma. "A situação é grave. Não adianta só tirar e virar a página desta história. É hora de reescrevê-la em busca de um novo tempo", afirmou Arantes no início de sua fala. "É agora que vamos dar uma resposta à população brasileira, fortalecendo ainda mais a nossa Democracia. A minha escolha não foi aleatória, mas baseada em fatos gravíssimos, que atentam contra a Constituição, a competência desta Casa Legislativa, as finanças públicas, a responsabilidade fiscal, transparência, a verdade e contra o país", prosseguiu.

O relator reforçou que o fato de ser eleito não permite a um presidente fazer o que quiser. Confira alguns trechos de sua fala, que você pode passar. Mas se você tem alguma suspeita de que o *impeachment* foi um golpe, leia para tirar suas conclusões depois.

Relembro aos colegas que estamos decidindo esta questão com legitimidade constitucional. Democracia, senhores parlamentares, não se resume à contagem de votos. É muito mais que uma eleição popular. Não se pode tudo apenas porque foi eleito pelo voto popular. 54 milhões de votos não autorizam o descumprimento da Constituição, nem a prática de atos que atentam contra as finanças públicas. 54 milhões de votos não permitem à presidente da República que massacre a situação econômica do país: projeto de poder por projeto de poder. 54 milhões de votos não servem como justificativa para a prática de atos nocivos à economia do país.

Democracia também é saber respeitar as Instituições, submeter à Constituição, observar as Leis Orçamentárias e Fiscais e, principalmente, ser transparente no trato das finanças públicas.

Sobram justificativas jurídicas e políticas para instalação do processo. Do ponto de vista jurídico, conclui pelas existências de indícios mais do que suficientes do cometimento de crime de responsabilidade por parte da presidente. E assim conclui tendo como base exclusivamente o conteúdo da denúncia recebida por esta Casa. Não apontei um único fundamento jurídico para justificar a abertura do processo que não estivesse relacionado com aqueles fatos admitidos pela decisão inicial. Não houve extrapolação nenhuma desta Casa.

Deixei claro que os indícios de crime de responsabilidade considerados pelo relatório se referiram apenas a fatos ocorridos no ano de 2015, relativos à abertura de créditos suplementares por decreto presidencial sem autorização desta Casa Legislativa, e a contratação ilegal de operações de crédito, usurpando, desta forma, a condição desta Casa. A edição de decretos de abertura de créditos suplementares, no exercício de 2015, sem a devida autorização Legislativa, além de ferir a separação dos poderes, revela um comportamento unilateral com viés autoritário e afrontoso às Instituições. É conduta gravíssima que usurpa a competência do Legislativo e fere a Constituição e gera consequências drásticas para a economia.

Nenhum agente político precisa de aviso prévio para cumprir as Leis e a Constituição Federal. Portanto, em 2015, já era de amplo conhecimento o caráter proibitivo da conduta, tendo em vista o debate público em torno do processo de apreciação de contas de 2014.

Quanto à contratação ilegal de operações de crédito, as chamadas pedaladas fiscais, há indícios suficientes de que os atrasos sistemáticos e volumosos ao Banco do Brasil no ano de 2015, em relação ao Plano Safra, possui os elementos essenciais característicos de uma verdadeira operação de crédito.

Alguns afirmaram que não houve má fé da presidente da República, pois os governos anteriores já teriam adotado tais práticas inclusive com a concordância do Tribunal de Contas da União. Isso não é verdade. Estatísticas levantadas pelo TCU e muito divulgadas na imprensa revelam que nenhum governo anterior atrasou por tanto tempo repasse aos bancos públicos em muitos bilhões de reais. É exatamente esse volume gigantesco, que totaliza mais de 60 bilhões de reais, aliada à demora do pagamento dessa dívida, que levou o Tribunal de Contas a afirmar que essa prática configurava e configura contratação ilegal de crédito.

Quando a família sabe, lá na cidade, lá no cantinho, que sua situação financeira piorou, passou a ser grave, é preciso diminuir os gastos. Todo pai de família sabe disso. Como disse em meu parecer, a formação de economista da presidente e seu notório controle centralizador na condução econômica do governo tornam difícil aceitar a argumentação de que ela não sabia dos fatos exaustivamente tratados em todo o país.

Quanto à gravidade do momento político, é preciso que o Parlamento auxilie na retomada das condições de governabilidade. Os cidadãos exigem resposta. A instabilidade econômica e as incertezas políticas arrastam o país para uma crise sem precedentes. É preciso manter o rumo dentro das regras constitucionais estabelecidas e virar essa página de angústia do povo brasileiro.

Já passava das 17h00 quando a votação nominal começou. Estava dada a largada. O primeiro voto foi do deputado Washington Reis (PMDB): "Senhor presidente, que a partir de amanhã, segunda-feira, Deus possa derramar muitas bênçãos sobre nosso Brasil e sobre nosso povo brasileiro. Eu voto a favor". Eu pensava comigo: Sei... agora todo mundo quer aparecer na TV e falar bonito. Raros foram os que mereceram de verdade os louros pelo *impeachment*. Entre os parlamentares que falaram, destaco alguns.

Tiririca, que ninguém sabia que apito tocava e que meses depois deu apoio público a Lula (PR): "Senhor presidente, pelo meu país, meu voto é sim!"

Jair Bolsonaro (então PSC) foi muito criticado por ter citado o coronel Carlos Alberto Brilhante Ustra durante sua fala. Mas, o livro da história do militar teve suas vendas triplicadas nos meses que se seguiram. Bolsonaro disse:

Perderam em 64 (1964, início do Regime Militar), perderam agora em 2016. Pela família e pela inocência das crianças em sala de aula, que o PT nunca teve. Contra o comunismo, pela nossa liberdade, contra o Foro de São Paulo. Pela memória do coronel Carlos Alberto Brilhante Ustra, o pavor de Dilma Rousseff. Pelo Exército de Caxias, pelas Forças Armadas, por um Brasil acima de tudo e por Deus acima de todos, o meu voto é sim!

As palavras de Eduardo Cunha (PMDB) foram: *"Que Deus tenha misericórdia desta nação. Voto sim!"*

Celso Russomano (PRB), que em outubro do ano anterior havia me dito que não poderia apoiar o *impeachment*, pois seu posicionamento poderia causar uma guerra civil no país, tentou falar bonito. Chutar cachorro morto é fácil, o que eu havia lhe pedido meses antes é que tomasse a frente nesta batalha e ele se negou enquanto borrifava água mineral francesa na cútis para cuidar da pele:

> Senhor presidente, o meu estado, São Paulo, me deu a honra de ser o deputado mais votado do Brasil: 1.524.286 votos. Não poderia, de forma nenhuma, fazer com que o povo do meu estado se decepcionasse comigo. Pelo meu estado, pela família brasileira, pela minha família, meus filhos, a geração dos meus filhos e meus netos, eu voto sim ao *impeachment*, senhor presidente!

O deputado gaúcho Onyx Lorenzoni (DEM) afirmou:

> Diz o hino rio grandense: sirvam nossas façanhas de modelo a toda a Terra. Estamos legitimados pelo povo brasileiro para dizer um basta na roubalheira. É sim de esperança de um novo futuro para o nosso Brasil!

As palavras de Bruno Araújo (PSDB), o voto 342 do *impeachment*, foram:

> Senhor presidente, quanta honra o destino me reservou de poder, da minha voz, sair o grito de esperança de milhões de brasileiros! Senhoras e senhores, Pernambuco nunca faltou ao Brasil. Carrego comigo nossas histórias de luta pela liberdade e pela democracia. Por isso digo ao Brasil, sim para o futuro!

É certo que a Câmara dos Deputados é um circo. O voto pelo *impeachment* tinha como objetivo punir um Chefe de Estado, e não ser palanque para gritos que em nada tinham a ver com o assunto. Teve até deputado puxando coro musical contra Dilma. Foi o Paulo Pereira da Silva, do Solidariedade: "Dilma vai embora que o Brasil não quer você. E leve o Lula junto e os vagabundos do PT!"

Por fim, conseguimos alcançar parte da nossa meta. Abaixo, os dados de como votou cada partido, segundo publicado no *site G1*.

PARTIDO	A FAVOR	CONTRA	ABSTENÇÕES	AUSÊNCIAS	TOTAL
PMDB	59	7	0	1	67
PSDB	52	0	0	0	52
PP	38	4	3	0	45
PSB	29	3	0	0	32
PSD	29	8	0	0	37
DEM	28	0	0	0	28
PR	26	10	3	1	40
PRB	22	0	0	0	22
PTB	14	6	0	0	20
SD	14	0	0	0	14
PSC	10	0	0	0	10
PPS	8	0	0	0	8
PTN	8	4	0	0	12
PDT	6	12	1	0	19
PHS	6	1	0	0	7
PV	6	0	0	0	6
PROS	4	6	0	0	6
PSL	2	0	0	0	2
PTdoB	2	1	0	0	3
REDE	2	2	0	0	4
PEN	1	1	0	0	2
PMB	1	0	0	0	1
PCdoB	0	10	0	0	10
PSOL	0	6	0	0	6
PT	0	60	0	0	60

Rouca, depois de tanto comemorar, de Brasília mandei meu recado para os brasileiros.

Galera, parabéns por essa vitória. O *impeachment* passou na Câmara dos Deputados e agora a gente tem mais uma batalha semana que vem. No dia 20 vai ser julgado, no STF, o processo do Lula e é preciso que a gente continue pressionando os ministros do STF para esse processo voltar pras mãos do juiz Sérgio Moro. Além disso, temos que continuar pressionando o Senado para que mais de 40 senadores apoiem o *impeachment*. É claro que a gente tem que partir para os 2/3. Falta pouco, galera! Fora Dilma, fora PT! E Lula na cadeia.

O Brasil comemorou a vitória! Foto: *G1*

O historiador e comentarista da rádio *Jovem Pan*, Marco Antônio Villa, também celebrou o resultado, e afirmou:

Foi uma derrota histórica. Não há volta. É impossível imaginar, por exemplo, que o Senado rejeite e que Dilma volte à presidência. Derrotamos o projeto criminoso de poder. [...] Lula, o chefe da quadrilha, foi derrotado.

CAPÍTULO 19

O *IMPEACHMENT* SEGUE PARA O SENADO

A festa foi grande, mas logo passou. Muito trabalho havia pela frente. No dia 20 de abril, o Supremo Tribunal Federal ia julgar se Lula podia ou não assumir o cargo de ministro da Casa Civil. Ia, porque, por 10 x 1, os juízes decidiram postergar a decisão. Como já havia outras duas ações relacionadas ao mesmo assunto nas mãos do ministro Teori Zavascki, e dois mandados de segurança com Gilmar Mendes, o Supremo decidiu seguir a ordem dos casos, com o objetivo de juntar todas as ações e realizar um único julgamento.

Contudo, esta não seria a verdadeira razão para o STF ter feito o que fez. A jornalista Joice Hasselmann, em suas redes sociais, afirmou que havia algo além. Segundo ela, os ministros teriam escolhido adiar a votação para esperar o resultado do processo de *impeachment* contra Dilma. Se eles o retornassem à Casa Civil e algum tempo depois a petista caísse, Lula perderia novamente seu cargo. Ou seja, teria sido um julgamento perdido.

Quando as peças principais do xadrez são atingidas, todo o seu batalhão é afetado. Não é à toa que os ex-presidentes petistas sempre são defendidos a ferro e fogo por seus soldados. Ai de quem soltar um "a" contra Lula: "você odeia a classe popular, não aguenta ver um pobre viajando de avião", dirão eles. Agora, experimente falar que Dilma é incompetente: "você é machista. Não aguenta ver uma mulher no maior cargo público do país". Isso tudo explica o início deste parágrafo. Se os chefes caem, o reino padece.

E, depois da Câmara ter dado continuidade ao processo de *impeachment*, uma das principais peças da quadrilha também foi quase pega. Falo da senadora Gleisi Hoffmann, que você vai ver mais adiante, não foi expulsa do PT. Da condição de ré foi elevada à presidência do partido, este é o *modus operandi* do PT, protegem os seus, ainda que para isso, tenham que distorcer a verdade e passar por cima de quem for.

No dia 29 de abril, Janaina se pronunciava na comissão especial do *impeachment* no Senado e comentou o discurso transcrito no capítulo anterior, no Largo de São Francisco:

> Na condição de brasileira, na condição de advogada, na condição de professora de Direito Penal, na condição de amante apaixonada pela Constituição Federal, eu não tinha alternativa. Depois do meu discurso no Largo de São Francisco, eu tenho recebido telefonema de jornalistas até do exterior, perguntando se eu sou pastora ou se eu sou mãe de santo, e eu respondo a eles: eu não tenho a iluminação necessária, nem para ser nem pastora e nem mãe de santo. Compreendo que num Estado laico, se eu fosse pastora ou mãe de santo, meu trabalho jurídico não seria menor, porque Estado laico, não é Estado ateu, o Estado laico, é o Estado que faz com que todas as religiões convivam bem, então se eu fosse pastora, mãe de santo ou professora de catecismo, teria a honra em confirmar, mas eu não sou, eu sou apenas uma professora de Direito. Numa República esse é o livro sagrado que permite que todos os outros livros sagrados, sejam respeitados e convivam bem. O que eu quero, Excelências, é que as criancinhas, os brasileirinhos que estão me ouvindo, que eles acreditem que vale a pena eles lutarem por esse livro.

Enquanto isso, é inegável até hoje que Eduardo Cunha foi um dos principais presidentes da Câmara até aqui. A população passou a chamá-lo de "malvado favorito" e acredito que isso se deve ao fato de que se ele fosse um homem honesto, seria um dos melhores parlamentares do país, mas infelizmente não é, e hoje vive no lugar que lhe cabe: cadeia.

Eu, o NasRuas ou os brasileiros não somos seus defensores. Se ele fosse honesto, aí sim poderíamos sair em seu favor. Contudo, Cunha era o presidente e o principal político responsável pela queda de Dilma, é impossível não lhe sermos gratos, de alguma forma. O ex-parlamentar também colocou em pauta projetos engavetados pela esquerda petista, como a redução da maioridade penal, o voto impresso e o endurecimento de penas aos que praticam aborto. Também colocou a Casa para trabalhar com mais seriedade, se comparado a outros mandatos. Poucos sabem, mas ele instituiu multa para quem faltasse às votações, colocou regras com limites para as votações noturnas que antigamente pagavam quantos assessores os deputados "precisassem" para lhes assessorar.

No entanto, como não temos bandido de estimação e nem somos guiados pela tese do "rouba, mas faz", concordamos com as punições a ele aplicadas. No dia 5 de maio, o ministro do STF Teori Zavascki, relator da Lava Jato, ordenou o afastamento de Cunha de seu mandato, retirando-o, consequentemente, da presidência da Câmara dos Deputados. A decisão foi tomada com a concordância dos outros 10 magistrados. O fato ocorreu após pedido da Procuradoria Geral da República, por meio do procurador Rodrigo Janot, que argumentou que Cunha estaria atrapalhando as investigações da Lava Jato.

Diversos juristas, inclusive Dr. Ives Gandra Martins, alertou para o ativismo judicial do Supremo Tribunal Federal, ao afastar Cunha de seu mandato sem a autorização do Congresso. A Constituição é clara neste caso, o STF pode sim processar, condenar e mandar prender um parlamentar, mas afastar do mandato antes do devido processo legal, não está na regra do jogo.

E o fato é que não podíamos defender Cunha, ainda que a história estivesse torta, e o PT comemorou. Gostaria de saber o que aconteceria se fosse o mesmo com a senadora Gleisi Hoffmann, que foi denunciada na manhã do sábado, 7 de maio, pelo então procurador-geral da República Rodrigo Janot.

Também o foram Paulo Bernardo, marido da senadora (que foi ministro do Planejamento no governo Lula, e das Comunicações, no governo Dilma) e o empresário Ernesto Kugler, ligado ao casal. A acusação baseara-se nas delações premiadas do doleiro Alberto Youssef e de Paulo Roberto Costa, ex-diretor da Petrobrás, que afirmaram que o casal recebeu propina de 1 milhão de reais, relacionada ao escândalo desta estatal, para bancar a campanha da petista para o Senado, em 2010. Kugler teria feito o pedido de recursos.

À época, Janot afirmou que havia provas suficientes, coletadas após as delações, que comprovavam o crime. Com isso, o procurador acusou o trio de corrupção passiva e lavagem de dinheiro.

É claro que não deixei barato. Ainda naquele dia gravei um recado para Gleisi:

> Que coisa gostosa acordar com uma notícia dessa, sábado de manhã, para ter certeza de que eu não menti quando disse que você ia ser presa". Continuei. "Como eu sei que você olha nossos vídeos, mantenho minha promessa de que te mandarei uns cigarros na prisão, porque sabemos que moeda de troca lá é importante.

Em uma oportunidade anterior, ela usou da tribuna do Senado Federal para discursar contra mim, porque eu havia afirmado que ela seria presa, correto? Sentiu-se ofendida por ter ouvido a verdade. Pois bem, voltando ao dia 7, disse:

> Eu acertei, Gleisi. Em breve, você não será mais senadora da República, vai ter seu mandato cassado e vai ficar inelegível, porque você usou propina para estar na cadeira onde está, dinheiro roubado. Até porque, acho que você nem teria competência para estar aí com seu próprio dinheiro.

Mas como nada é fácil neste país, enquanto eu estava em Curitiba, entrevistando o pessoal da força-tarefa, no dia 9 de maio, Waldir Maranhão anulava o processo de votação da Câmara de Deputados, antes de ser votada a admissibilidade no Senado, agendada para 11 de maio, dois dias depois.

A notícia causou um alvoroço muito grande. Me lembro que tudo estava bem, meu celular com as mensagens zeradas, o que é muito difícil, e fui tomar um banho. Quando volto, havia 45 chamadas perdidas e mais de 4.300 mensagens de *WhatsApp* entre grupos e particulares. Gravei o vídeo de cabelo molhado, atordoada de imaginar o que poderia acontecer. Ele simplesmente havia acolhido o pedido do Advogado Geral da União, que era ninguém menos que José Eduardo Cardozo.

Aquele período entre a votação da admissibilidade na Câmara de Deputados e Senado foi um completo e absoluto absurdo, porque quem ditou esta regra de ser votado o afastamento no Senado foi o Supremo Tribunal Federal, presidido por Lewandowski, que ganhou seu boneco nesta época.

A turma que defende o PT não é das mais civilizadas que se tem conhecimento. Seu forte é destruir. Depredar patrimônios, invadir propriedades privadas e declarar palavras de amor a Lula e Dilma. Claro, só se tiver os R$ 30,00 e o pão com mortadela. Estou falando dos integrantes da CUT, UNE, do MST e MTST.

Naquele mesmo dia da possível anulação dos votos do *impeachment* na Câmara, cerca de mil pessoas do MST invadiram uma fazenda em Duartina, interior de São Paulo. E começaram a tocar o terror em diversas cidades pelo Brasil. O PT ainda tinha dinheiro em caixa para pagar este tipo de arruaça e os que recebiam para isso, imaginavam que era possível reverter o processo e a torneira do dinheiro não fecharia.

A festa do novo presidente durou pouco, incrivelmente o vídeo que eu tinha filmado com ele na porta do Royal Tulip viralizou novamente, a pressão em cima dele foi tremenda e como um fraco jogador que agora está no PSDB (é para rir mesmo, ele foi para o lugar que lhe pertence, o muro), ele mesmo desistiu do cancelamento, no dia seguinte.

Até hoje não sei se ele recebeu pra isso, se deixou de receber o que, provavelmente, lhe prometeram um dia antes, se foi realmente porque o PP falou em expulsá-lo do partido, o que lhe tiraria da presidência da casa (o cargo é do partido e não da pessoa), ou se porque ele é maluco mesmo, mas fato é que em uma outra canetada, brincando de presidente da Câmara Federal, ele revogou a revogação.

> **DECISÃO DA PRESIDÊNCIA**
>
> Revogo a decisão por mim proferida em 9 de maio de 2016, por meio da qual foram anuladas as Sessões do Plenário da Câmara dos Deputados ocorridas nos dias 15, 16 e 17 de abril de 2016, nas quais se deliberou sobre a Denúncia por Crime de Responsabilidade n. 1/2015.
>
> Publique-se. Oficie-se.
>
> Em   /   / 2016.
>
> **WALDIR MARANHÃO**
> Primeiro-Vice-Presidente, no exercício da Presidência
> (Art. 18, *caput* do Regimento Interno)

Passado o susto, no dia seguinte o Senado votou a admissibilidade do pedido de *impeachment*. Para isso, Waldir Maranhão notificou Renan Calheiros:

> Of. n.   /2016/SGM/P
>
> Brasília, de   de 2016.
>
> Ao Excelentíssimo Senhor
> **Senador RENAN CALHEIROS**
> Presidente do Senado Federal
> Palácio do Congresso Nacional
> 70165-900 Brasília-DF
>
> Assunto: Denúncia por Crime de Responsabilidade n. 1/2015. Revogação da decisão proferida em 9 de maio de 2016.
>
> Senhor Presidente,
>
> Comunico Vossa Excelência que revoguei a decisão por mim proferida em 9 de maio de 2016, por meio da qual foram anuladas as Sessões do Plenário da Câmara dos Deputados ocorridas nos dias 15, 16 e 17 de abril de 2016, nas quais se deliberou sobre a Denúncia por Crime de Responsabilidade n. 1/2015.
>
> Atenciosamente,
>
> **WALDIR MARANHÃO**
> Primeiro-Vice-Presidente, no exercício da Presidência
> (Art. 18, *caput* do Regimento Interno)

O Movimento NasRuas transmitiu a votação, que varou a madrugada, em frente à FIESP, onde havia um acampamento pró-*impeachment*, montado há meses. Este acampamento foi uma bela iniciativa que se manteve graças a bravos ativistas que permaneceram ali, chegaram a montar toda uma estrutura com geladeira, luz, barracas, organização, comidas etc.

Lobão esteve presente no evento, fizemos uma camiseta exclusiva onde se lia: "Estou REfazendo a História", uma edição limitada que ficou linda e guardo com muito carinho. Subimos os bonecos: Bandilma, Pixuleco, Mortadela, Petralowski e Marmeleco.

A imprensa não apareceu, não noticiou, poucas pessoas compareceram, porque poucos movimentos apoiaram a iniciativa desta manifestação, mas valeu a pena e não deixamos passar em branco aquele momento tão importante que de fato afastaria a então presidente Dilma do controle executivo do país.

À direita, na foto acima, é possível ver algumas barracas montadas. Já fazia frio, mas muitos brasileiros vararam a madrugada, de olho no Senado. Até hoje não entendo porque deixam fatos tão importantes ocorrerem durante a madrugada. Estou segura de que é mais um fator para que o brasileiro não se interesse tanto pela política nacional.

O país acordou diferente, Dilma foi notificada do afastamento e Michel Temer assumiu a presidência. Mais tarde, em uma reunião com ele, soubemos que quando a equipe dele chegou ao Planalto e a todos os ministérios, todos os computadores estavam vazios e foram formatados para que a nova equipe não tivesse acesso a qualquer informação.

Teriam que reconstruir tudo do zero, mas confesso que quando vi a nova logomarca do Governo, me animei um pouco, já não era mais aquele vermelho e tinha um tom patriota:

Michel Temer não era meu presidente, eu não havia votado nele, mas era o que tínhamos. E o seu primeiro discurso teve pontos importantes, como o Pacto Federativo, que pelo menos na teoria foi bom. O dólar baixou, a bolsa subiu, o mercado reagiu muito bem à chegada de Temer.

> Unidos poderemos enfrentar os desafios deste momento que é de grande dificuldade. Reitero, como tenho dito ao longo do tempo, que é urgente pacificar a nação e unificar o Brasil. É urgente fazermos um Governo de salvação nacional. Partidos políticos, lideranças e entidades organizadas, e o povo brasileiro hão de emprestar sua colaboração para tirar o país desta grave crise em que nos encontramos. O diálogo é o primeiro passo

para enfrentarmos os desafios para avançar e garantir a retomada do crescimento. Ninguém, absolutamente ninguém, individualmente tem as melhores receitas para as reformas que precisamos realizar. Mas nós, governo, parlamento e sociedade, juntos, vamos encontrá-las. Eu conservo a absoluta convicção de que é preciso resgatar a credibilidade do Brasil.

Fato é que ele agradou com o discurso de chegada, eu mesma assisti do começo ao fim e não consegui discordar de nada. Pena que na prática, a teoria foi outra (rs).

No dia 14 de maio os Movimentos Brasil e Patriotas fizeram uma homenagem a diversos manifestantes que estiveram ativos em 2015, e foi um momento de grande alegria encontrar pessoas queridas como Daniel Araújo, Julio Hubner, Bia Kicis, Joice Hasselmann, Alessandro Gusmão, Marcel Santos, Fabricia Salles, Ivar Schimidt, Izis Filipaldi, Iza Oliveira, entre outras dezenas de pessoas muito queridas.

Eu, Joice Hasselmann e Bia Kicis, depois da entrega das medalhas.

No dia seguinte fomos à Justiça Federal, fazer um *tour*, ver onde Sérgio Moro trabalhava, onde a justiça se fazia neste país. E tivemos a alegria de vê-lo chegar em pleno domingo, sozinho, para trabalhar. Corremos até o carro dele e pedimos para falar com ele, apertar sua mão.

Ele autorizou que falássemos com ele, cumprimentou cada um de nós, nos ouviu, pediu que não tirássemos fotos, pois havia um trabalho maior a ser feito e que a Lava Jato ainda duraria anos. Que ele não tinha um lado nesta história, que ele simplesmente estava trabalhando para tentar fazer justiça. E ele provou isto com a prisão de Cunha algum tempo depois, tão logo ele perdera o foro privilegiado.

Vendo-o falar, me emocionei, não conseguia parar de chorar, as lágrimas rolavam porque a energia daquele momento era diferente, Moro transpira o bem, envolve o ambiente de fé num país melhor, em seres humanos melhores.

É, aquele realmente foi um dia abençoado e do Sul ao Amapá, todos ali estávamos apaixonados por Moro.

CAPÍTULO 20
EM MEIO AO TURBILHÃO...

Estávamos nos preparando para a realização do IV Congresso NasRuas, que iria tratar sobre o novo Brasil, os novos rumos e como continuar combatendo a impunidade. Nosso movimento nunca teve a utopia de acreditar que um dia conseguiríamos acabar com a corrupção. Infelizmente onde há ser humano, há coisa errada, e ainda mais quando há a luta pelo poder. Sabemos que em outros países esse problema é menor, contudo existe. E no Brasil, é um dos principais obstáculos para o seu desenvolvimento.

Por isso, nosso foco sempre foi pedir pelo fim da impunidade. Por mais que existam leis que combatam o crime, tanto contra a vida quanto o crime político, elas não são aplicadas com eficiência. O que vale, para grande parte da classe política, é lucrar, não importa de qual forma e nem se haverá prejuízo a alguém, porque essa gente sabe que é fácil burlar as regras. Através desta análise, o NasRuas trabalha para que a Constituição e as leis sejam respeitadas e cumpridas. Quanto mais elas forem aplicadas, menos corrupção haverá.

Nesta edição do nosso congresso, que aconteceu em 4 de junho de 2016, pautamos esse assunto e como seria esta nação dali para frente, por meio do tema "O Fim de Uma Era". Foi realizado na faculdade Uniítalo, no bairro de Santo Amaro, do grande amigo Marcos Vinícius Cascino, que gentilmente cedeu o espaço para este encontro que virou uma aula para todos os envolvidos.

Estiveram neste evento o historiador Marco Antônio Villa, o promotor Cássio Conserino, a delegada Tânia Prado Pereira, o Dr. Alan Nade Ackel Ghani, o delegado e então presidente da Associação de Delegados da Polícia Federal, Carlos Eduardo Sobral, o cantor Lobão, a jornalista Joice Hasselmann, Dr. Hélio Bicudo e o Dr. Adilson Abreu Dallari, dentre outros grandes nomes da direita ou combatentes da corrupção.

Carla Zambelli e o delegado Carlos Eduardo Sobral, presidente da Associação de Delegados da Polícia Federal.

O público envolvido se encantou com o conteúdo tão rico. Eram ativistas de outros movimentos, os quais seus líderes foram homenageados com uma Medalha de Combate à Corrupção, bem como o público de "seguidores" do NasRuas e de outros movimentos.

As caras na plateia eram as mesmas que víamos de cima dos caminhões nas manifestações. Mas, desta vez, com a oportunidade de trocarmos ideias e experiências, de chegar a consensos sobre nossas pautas.

CAPÍTULO 21
STF E SEUS DESMANDOS

Quando falo que o povo não confia nem mesmo na Suprema Corte do país é porque há motivos. Muitos dos 11 ministros que formam o STF parecem debochar da população. Só fazem o que os convém. E isso mais uma vez ficou nítido no dia 14 de junho, quando o magistrado Teori Zavascki negou os pedidos da Procuradoria Geral da República (PGR) para prender os senadores Renan Calheiros, então presidente do Senado, e Romero Jucá, ambos do PMDB, e o ex-presidente José Sarney. De acordo com sua decisão e conforme publicado no *G1*, "não houve no pedido de prisão 'a indicação de atos concretos e específicos' que demonstrem a efetiva atuação dos três peemedebistas para interferir nas investigações da Lava Jato".

Porém, na mesma decisão a PGR pediu a prisão do então presidente afastado da Câmara Eduardo Cunha, também do PMDB. Teori apenas ordenou que Cunha fosse intimado a se defender no prazo de 05 dias. Curioso, não é? Renan e Sarney, os poderosos da nossa República, são imunes a qualquer punição. O primeiro é imperador do estado de Alagoas. Sempre está com os poderosos. Não importa quem está no poder, seu papel é jogar ao lado do time que está ganhando. Ele não tem ideologia, caráter e nem opinião própria. Ele já é réu em uma ação e é alvo de 17 inquéritos no próprio Supremo. O último foi em agosto de 2017.

Já Sarney, que parece ser imortal (impressionante), é o dono do Maranhão. Não é à toa que o estado, infelizmente, é tão pobre, sendo que poderia ser muito mais desenvolvido se não fossem as garras de sua família. E também se a população de lá votasse corretamente.

Quando se fala em Eduardo Cunha, sai da frente. Há seis inquéritos contra ele, além de ser réu em três processos. Agora, veja a diferença entre Cunha e Calheiros. Entre Cunha e Sarney. Por que o STF foi tão ágil para agir contra o presidente afastado e com os outros faz vista grossa?

Reforço o que escrevi anteriormente: não estou defendendo Eduardo Cunha. Como praticante de atos criminosos, deve ser punido. A questão é os interesses por trás disso. Seria uma perseguição porque ele autorizou a abertura de um processo que detonou com o projeto de poder do PT? O Supremo, e é triste dizer isso, não é eficiente e nem honesto. Pode haver um ou outro ministro que se salve, mas, no geral, não são merecedores de estar onde estão.

No dia 19 de junho fizemos um protesto na Paulista com os bonecos representando Janot e Lewandowski, o intuito era falar da diferença de justiça na primeira e na última instância, criticar a falta de celeridade nas investigações e fazer pressão para que o Janot não aceitasse a representação contra o juiz Sérgio Moro protocolada naquela semana, cujo objetivo era fazer com que, lá no final, Moro fosse considerado suspeito. Lula tentou de tudo e nós tínhamos receio de o fato de que a maioria do Supremo Tribunal Federal, além de Janot, indicados pelo PT, flexibilizassem a justiça em favor do ex-presidente. Este protesto me renderia muita dor de cabeça semanas depois.

CAPÍTULO 22

DE VOLTA AO *IMPEACHMENT* NO SENADO

Em meio ao que acontecia no restante do Brasil, a comissão especial do *impeachment* no Senado trabalhava duro em cima da denúncia de Janaina Paschoal. Por várias vezes o presidente da Comissão a convocava para um dia e quando ela já estava toda organizada para estar em Brasília naquela data, ele alterava toda a agenda. Não só ele fazia isso, como ações do PT faziam com que Janaina tivesse que arcar com custos de alterações de passagem, hospedagem e até vestuário.

Quero frisar aqui que Janaina arcava com todas as despesas, mesmo tendo o direito de serem pagas pelo Senado. E ela não aceitava ajuda de ninguém, às vezes até dava raiva (rs); queríamos ajudar e ela dizia que não precisava. Eu entendo o lado dela hoje, dever favor a pessoas que lhe jogariam isso na cara depois é o pior dos infernos. Ou pior ainda, imagine dever para alguém que depois se mostre corrupto? Era um momento delicado da vida dela e da história nacional. E ela foi perfeita.

No dia 17 de junho ela fez uma ressalva importante, para combater os ataques da esquerda ao pedido de *impeachment*:

Esse pedido de pedido de *impeachment* não é do PMDB, não é do PSDB, não é de Michel Temer, nem de Cunha, nem de Renan, nem de ninguém. Esse processo é dos movimentos que foram para a rua, é de Hélio Bicudo, de Miguel Reale Jr, é do Vem Pra Rua, do NasRuas, do MBL, dos vários brasileiros que me escrevem todos os dias e não estão engajados em movimentos. É importante fazer este resgate, porque as pessoas estão ofendidas com as coisas que vêm sendo ditas aqui dentro.

O Partido dos Trabalhadores não dava descanso e para mim o estopim veio com a acusação de Lindberg Farias, que denunciou Janaina de ser orientadora do juiz Paulo Bueno de Azevedo, da 6ª Vara Federal Criminal de São Paulo, que recebera do STF processos da Lava Jato em setembro do ano anterior. E a operação Custo Brasil, realizada pela Polícia Federal, teve a autorização do juiz para prender Paulo Bernardo, marido de Gleisi Hoffmann, por estar ligado ao pagamento de propina, proveniente de contratos de prestação de serviços de informática, da ordem de 100 milhões de reais, entre os anos de 2010 e 2015, a pessoas ligadas a funcionários públicos e agentes públicos ligados ao Ministério do Planejamento, Orçamento e Gestão (MPOG), tirando este valor de aposentados.

Vejam só como é a história, a operação foi dissidente da Pixuleco II, em dezembro de 2015 (18ª fase da Operação Lava Jato) e se desdobrou de forma tal que viesse a realizar a busca no apartamento da senadora, em junho de 2016. E quiseram "culpar" Janaina Paschoal por isso, ou seja, sob a ótica do PT, orientar era crime, mas roubar aposentados não era. Durante a sessão, Janaina dirigiu-se a Lindberg, perguntando qual era o crime: dela, por orientar o aluno Paulo Bueno de Azevedo, ou dele, por tê-la como orientadora.

Lindberg ficou com cara de bobo olhando para ela, que completou:

O problema é o seguinte, as pessoas medem as outras pela própria régua. Como os petistas têm vassalos e não orientandos, como eles têm vassalos, eles acreditam que os outros professores também exigem que as pessoas se ajoelhem. Os meus orientandos são juízes, promotores, advogados, pesquisadores, das mais diversas orientações ideológicas, eles nunca se submeteram a mim, eles nunca me deram nenhuma uma satisfação, a não ser da própria pesquisa. Porque o meu papel na Universidade é formar pessoas de cabeças livres, por isso é que eu tenho inclusive orientandos petistas e os respeito. Agora, os senhores estão me medindo conforme a régua dos senhores, exigem que as pessoas sejam vassalas, é com isso que eu quero acabar nesse país.

Naquele dia eu liguei para Janaina e pedi que ela passasse a ter mais cuidado com a sua segurança, que este discurso dela representava um divisor de águas na relação dela com o *impeachment* e com o PT. Ela havia tocado no ponto nevrálgico da esquerda e eles não deixariam quieto. Agora mais do que nunca, ou eles fariam de tudo para desqualificá-la ou tentariam acabar com sua paz, para fazê-la desistir de tudo.

No dia seguinte, ao ir embora, havia um grupo de "petistas" no embarque do aeroporto para gritar palavras de ordem contra ela, intimidá-la, fazer com que ela pensasse que não estava agradando ao povo, quando era precisamente o contrário.

Alguns dias depois eu estive com ela em Brasília, enquanto comprava roupas, pois o presidente da Comissão mais uma vez alterara o calendário de audiências e ela não havia trazido roupa extra. Era engraçado vê-la escolher roupa, porque ela se preocupava até com o tom das peças; percebi que evitava verde ou amarelo, para não parecer afronta aos petistas. Preocupava-se com a sobriedade porque a estavam analisando em tudo. No dia anterior, ela teve que comprar um sapato, porque seu salto havia quebrado.

Minha preocupação era com a sua segurança e sem ela saber, contratamos um carro que lhe seguia aonde quer que fosse, para garantir que ninguém a seguisse também. Talvez ela só tome conhecimento deste fato com o livro publicado, mas tínhamos todos muita preocupação com a sua segurança durante e depois do processo. Ela havia pintado um alvo na testa ao enfrentar cobras e escorpiões por todos os lados.

E ela não tinha grande apoio. O Dr. Hélio Bicudo não tinha mais idade para viajar, Reale Jr. não queria ajudá-la, ao contrário, nesta época e antes disso, exigia que ela retirasse o processo. Chegou a perguntar se ela realmente preferia o Temer à Dilma. Oras, não era este o ponto. O fato é que Dilma havia cometido crimes e tinha que ser afastada por isso. Não havia uma questão de preferência para ela, mas será que para ele existia? Eu acredito que sim.

Janaina era sempre muito bem recebida por onde quer que andasse. Um dia fui acompanhá-la para pegarmos o autógrafo do cantor Supla. Acredite se quiser, ela é fã das músicas dele. Bom, todos temos defeitos, vai ver o dela é este (rs)... A senadora Marta Suplicy avisara a ela que seu filho estaria na cidade e, enfim, quando chegamos à mesa de Supla e ela pediu-lhe um autógrafo, ele perguntou o nome dela.

Até os fãs dele, que estavam em volta, riram o fato dele não saber quem era a mulher que estava todos os dias no Jornal Nacional e em todos os jornais de destaque do país, além de conviver com a sua mãe semanalmente. Ele era realmente um alienado político, mas não o culpo, sendo filho da sexóloga Marta e do petista Eduardo Suplicy.

Saindo dali, fomos até a Associação de Delegados da Polícia Federal e ela foi chamada, sem qualquer preparação, para fazer parte da mesa de palestra, sobre a autonomia da PF e de um projeto que dava ao delegado de polícia o poder de decidir medidas protetivas a vítimas de violência. Ela começou dizendo que não tinha se preparado para falar sobre o assunto e terminou dando uma verdadeira aula para os delegados, se demonstrando favorável a ambos os projetos. Todos aplaudiram em pé no final, ela realmente tinha o respeito de todas as pessoas de bem deste Brasil.

Enquanto a comissão do *impeachment* no Senado corria em ritmo de guerra, o PT corria contra o *impeachment*. O início de julho foi de grande movimentação na Câmara. No dia 7, Eduardo Cunha decidiu renunciar ao seu mandato de presidente, com o objetivo de amenizar as pressões contra ele, visto que em breve seu mandato de parlamentar seria julgado.

Confira abaixo a íntegra da carta de renúncia, retirada do portal Agência Brasil EBC. Nela, Cunha afirma ser vítima de perseguição por ter autorizado a abertura do processo de *impeachment* contra Dilma.

Excelentíssimo Senhor Deputado Waldir Maranhão, Vice-Presidente da Câmara dos Deputados,

Cumprimentando-o cordialmente, comunico a Vossa Excelência a decisão que tomei em renunciar ao cargo de Presidente da Câmara dos Deputados. Essa decisão é irrevogável e irretratável.

Ao completar 17 dos 24 meses do meu mandato de Presidente, dois meses de afastamento do cargo e, ainda estando no período de recesso forense do Supremo Tribunal Federal – onde não existe qualquer previsão de apreciação de recurso contra o meu afastamento –, resolvi ceder aos apelos generalizados dos meus apoiadores.

É público e notório que a Casa está acéfala, fruto de uma interinidade bizarra, que não condiz com o que o País espera de um novo tempo após o afastamento da Presidente da República. Somente a minha renúncia poderá pôr fim à essa instabilidade sem prazo. A Câmara não suportará esperar indefinidamente.

No período de efetivo exercício do mandato, pude conduzir a Câmara na forma proposta na minha campanha, com protagonismo e independência, votando todas as pautas do governo, mas trazendo a debate também as pautas da sociedade e a pauta dos seus representantes – que são os Deputados. Reforma política, terceirização de mão de obra, redução da maioridade penal, "PEC da Bengala", Estatuto do Deficiente, pautas da segurança pública, correção do FGTS, foram alguns dos importantes temas votados na minha gestão. Mas, sem dúvida alguma, a autorização para a abertura do processo de *impeachment* de um governo que, além de ter praticado crime de responsabilidade, era inoperante e envolvido com práticas irregulares, foi o marco da minha gestão, que muito me orgulha e que jamais será esquecido.

Sofri e sofro muitas perseguições em função das pautas adotadas. Estou pagando um alto preço por ter dado início ao *impeachment*. Não tenho dúvidas, inclusive, de que a principal causa do meu afastamento reside na condução desse processo de *impeachment* da Presidente afastada, tanto é que meu pedido de afastamento foi protocolado pelo PGR em 16 de dezembro de 2015, logo após a minha decisão de abertura do processo. E o pedido de afastamento só foi apreciado em 5 de maio de 2016, em uma decisão considerada excepcional e sem qualquer previsão constitucional, poucos dias depois da decisão desta Casa por 367 votos autorizando a abertura do processo por crime de responsabilidade.

Em decorrência dessas minhas posições, venho sofrendo também uma representação por quebra de decoro parlamentar por supostamente ter mentido a uma CPI, aberta por mim como Presidente e na qual compareci espontaneamente para prestar esclarecimentos. Continuarei a defender a minha inocência de que falei a verdade.

A par disso, sofro da seletividade do órgão acusador que atua com relação a mim diferentemente do que com outros investigados com o mesmo foro. Após a decisão da Câmara de instaurar o processo de *impeachment* em 17 de abril de 2016, seis novos inquéritos foram abertos contra mim e duas novas denúncias foram apresentadas, sendo que muitos desses eventos se davam sempre às vésperas de deliberações no Conselho de Ética. Quero reiterar que comprovarei a minha inocência nesses inquéritos, confiando na Justiça do meu País. Reafirmo que não recebi qualquer vantagem indevida de quem quer que seja.

Quero agradecer a DEUS pela oportunidade de presidir a Câmara dos Deputados do meu País. Quero agradecer ao meu partido e a todos os Deputados que me elegeram em primeiro turno em fevereiro de 2015. Quero agradecer a todos os que me apoiaram e me apoiam no meio dessa perseguição e vingança de que sou vítima. Quero agradecer especialmente a minha família, de quem os meus algozes não tiveram o mínimo respeito, atacando de forma covarde, especialmente a minha mulher e a minha filha mais velha. Usam a minha família de forma cruel e desumana visando me atingir. Tenho consciência tranquila não só da minha inocência bem como de ter contribuído para que o meu País se tornasse melhor e se livrasse do criminoso governo do PT.

A história fará Justiça ao ato de coragem que teve a Câmara dos Deputados sob o meu comando de abrir o processo de *impeachment* que culminou com o afastamento da Presidente, retirando o País do caos instaurado pela criminosa e desastrada gestão que tanto ódio provocou na sociedade brasileira, deixando como legado o saldo de 13 milhões de desempregados e o total descontrole das contas públicas.

Que este meu gesto sirva para repor o caminho que a Câmara dos Deputados estava trilhando na minha gestão, de protagonismo, de independência, de austeridade no controle dos gastos públicos e de coragem para

o enfrentamento das pautas da sociedade. Acima de tudo, espero que este meu ato ajude a restaurar o nosso País após o processo de *impeachment*.
Eduardo Cunha

Enquanto no Congresso tudo isso acontecia, a imprensa já começava a falar muito da Olimpíada. Os movimentos marcaram uma manifestação para 31 de julho, pois o julgamento final de Dilma estava agendado para o dia 1º de agosto.

CAPÍTULO 23
DENÚNCIA DE JANOT E LEWANDOWSKI, MANIFESTAÇÕES E OLIMPÍADA

Como relatado no final do capítulo 21, fizemos um protesto na Paulista, no dia 19 de junho. Nesta manifestação foram inflados os bonecos Enganô e Petralowski, representando Rodrigo Janot e Ricardo Lewandowski.

No dia 6 de julho, pouco depois do meu aniversário, eu estava no centro de São Paulo, quando meu celular começou a tocar sem parar, com chamadas de vários números desconhecidos. Eram jornalistas do Brasil inteiro querendo pegar alguma declaração minha sobre a denúncia de Lewandowski e Janot contra mim, por grave ameaça e ordem pública e inaceitável atentado à credibilidade do judiciário, pedindo que Polícia Federal me investigasse.

Toda a sociedade se juntou contra o STF, porque a denúncia partiu de lá para a Polícia Federal. Eis o que dizem alguns trechos do ofício, cujo texto é concluído me citando como líder de tal ato e pedindo em particular a investigação sobre mim:

> Tais condutas no entender desta Secretaria, que atua no estrito exercício de suas atribuições funcionais, representaram grave ameaça à ordem pública

e inaceitável atentado à credibilidade de uma das principais instituições que dão suporte ao Estado Democrático de Direito, qual seja, o Poder Judiciário, com o potencial de colocar em risco – sobretudo se forem reiteradas – o seu regular funcionamento. Configuram, ademais, intolerável atentado à honra do chefe desse poder e, em consequência, à própria dignidade da Justiça Brasileira, extrapolando, em muito, a liberdade de expressão que o texto constitucional garante a todos os cidadãos, quando mais não seja, por consubstanciarem, em tese, incitação à prática de crimes e à insubordinação em face de duas das mais altas autoridades do País.

Em face do exposto, solicito sejam tomadas, em caráter de urgência, as medidas pertinentes para que os responsáveis por tais atos sejam chamados à responsabilidade, pedindo que se envidem todos os esforços da Corporação (Polícia Federal) no sentido de interromper a nefasta campanha difamatória contra o Chefe do Poder Judiciário, de maneira a que esses constrangimentos não mais se repitam. Solicito, ainda, a atuação da PF no âmbito das redes sociais, em que o endereço residencial do senhor presidente do STF foi amplamente divulgado.

Nesse mesmo dia, para o jornal *O Globo*, o primeiro a me ligar, respondi ao André de Souza, que publicou:

> Eu acredito que, primeiro, grave ameaça são algumas decisões que ele (Lewandowski) toma. O boneco foi um personagem, uma charge em 3D para poder mostrar ao STF e a essas figuras públicas que eles não nos representam. São dois pesos e medidas – afirmou Carla.
> Segundo ela, os manifestantes apenas exercem o direito constitucional de liberdade de expressão quando levam os bonecos às ruas. Mas destacou que está à disposição da Justiça caso necessário.
> – Eu acredito que ele (Lewandowski) deveria gastar o tempo dele com coisas muito mais importantes – disse Carla.

Foi um completo tiro no pé, as pessoas começaram a trocar suas fotos do perfil no *Facebook* pela foto do Petralowski. No dia 8 de julho, dois após a denúncia, o *Twitter* também respondia, chegando aos *top trends* mundiais:

Rodrigo Möller
@Rodrigo_Moller_

Hashtag #BrasilContraSTF atingiu em duas horas dez mil repetições!!
É o Brasil mostrando seu repúdio ao STF!

6:00 pm
#BrasilContraSTF (estimated): 5.200

08/07/16 21:05

Todos os movimentos começaram a fazer *memes*, demonstraram apoio público e solidariedade a mim, o jornalista José Neumanne Pinto fez duras críticas ao pedido de investigação. Até o editorial da *Folha* se posicionou:

> É preciso ler e reler a notícia, pois a primeira reação é de completa incredulidade. Um ofício do Supremo Tribunal Federal pede que a polícia investigue os responsáveis por ter levado às ruas, no dia 19 de junho, dois bonecos infláveis.
> Os "pixulecos", como ficaram popularmente conhecidos, retratavam o presidente do tribunal, Ricardo Lewandowski, e o procurador-geral da República, Rodrigo Janot, ambos caracterizados como defensores do PT.
> Típicos do sentimento de exacerbação que tomou conta de parcelas da sociedade no auge da crise política, os bonecos representavam uma opinião radicalizada e sem dúvida injusta a respeito da conduta das duas autoridades. Ocorre que, como qualquer caricatura, cartaz ou palavra de ordem – ainda mais num contexto de livre manifestação popular –, as imagens satíricas contra Lewandowski e Janot estão protegidas pelo direito constitucional à liberdade de expressão.
> Bonecos semelhantes, retratando o ex-presidente Lula (PT) ou a presidente afastada Dilma Rousseff (PT), circularam pelas principais cidades brasileiras, não tendo motivado nenhum pedido de investigação por parte da corte.
> O absurdo é patente. Seria ainda alarmante, tivessem os mais altos magistrados do país tomado pessoalmente a iniciativa. Na verdade, o ofício provém não do gabinete de algum ministro, mas, sim, da Secretaria de Segurança do Supremo, cargo vinculado à presidência da instituição.
> Atuando, em suas palavras, "no estrito exercício de suas atribuições funcionais", o secretário Murilo Maia Herz considerou que os "pixulecos" representam "grave ameaça à ordem pública" e "inaceitável atentado à credibilidade" do Judiciário, sendo necessária a pronta ação da Polícia Federal.
> O vocabulário lembra, sem dúvida, o empregado pelos censores durante o regime militar. Ao que tudo indica, o gosto das pequenas autoridades

pelo arbítrio há de ser inversamente proporcional aos poderes que de fato possuem.

Seja como for, é o próprio STF que tem sua imagem comprometida pela iniciativa de seu secretário; nada arranha mais a credibilidade da corte do que vê-la patrocinando um ato de cabal ignorância jurídica e em claro descompasso com princípios constitucionais.

O Supremo fica a dever, portanto, desculpas à sociedade. Um boneco inflável jamais constituirá "ameaça à ordem pública". Já a liberdade de expressão, por vezes, sofre com a pequena prepotência oficial. Há egos, sem dúvida, inflados demais na instituição.

A verdade é que do primeiro choque que tive com a notícia, chegando a ficar com as pernas bambas a imaginar o que poderia acontecer comigo, passei a curtir aquela denúncia que só fez unir o país, os movimentos, dar vazão às más ações do Supremo Tribunal Federal e me fortalecer perante a sociedade e a imprensa. Até música ganhei nesta história toda, chamada Lewandowski, do Boca Nervosa:

> Estão querendo acabar com a liberdade de expressão e fazer do nosso povo um escravo sem razão / estão querendo nos calar, mas a luta continua, tá na hora minha gente de manifestar nas ruas. / Esse Brasil não é seu, seu Lewandowski, e nem dos amigos teus, seu Lewandowski. / Essa corte é uma vergonha com a sua atuação / em vez de prender o Lula, quer prender quem faz boneco e defende essa nação.

E no meio da música, ele dizia: "Tamo junto, Carla Zambelli".

Em meados de julho, fui avisada de que seria possível que ocorresse um crime de terrorismo na nossa manifestação, nos moldes do que ocorreu em Nice, no dia 14 de julho, com o atropelamento de dezenas de pessoas, deixando mais de 80 mortos.

Reunimos líderes do NasRuas no meio de uma madrugada e decidimos, juntos, cancelar a manifestação, em conjunto com o MBL e alguns outros movimentos, que fariam o aviso no dia seguinte. O VPR decidira manter a manifestação, pois não acreditava que haveria de fato um perigo eminente.

Gravei um vídeo dizendo que adiaríamos a manifestação por vários motivos, dentre eles o fato de que julho era um mês de férias, por conta da alteração do julgamento de Dilma para o final de agosto e que seria necessário fazer algo mais próximo da nova data.

Quando soltamos o vídeo, a reação foi extremamente negativa, o MBL demorou a soltar a nota de cancelamento e outros movimentos desistiram, porque viram a péssima repercussão no NasRuas. Fato é que a verdade tem um tom diferente, mas eu não podia dizer o real motivo do cancelamento, isso atrapalharia a investigação da Polícia e ainda causaria pânico às pessoas que decidissem ir à manifestação mantida pelo VPR.

Eu não queria estar na minha pele naqueles próximos dias. Foi tudo muito ruim. De um grande apoio público dias atrás, passei a ser julgada e criticada, sem poder falar a verdade. Entretanto, no dia 17 de julho, a operação *Hashtag* da Polícia Federal prendeu os terroristas que planejavam fazer tal ato no Brasil. E apesar de ainda não poder dizer porque havia cancelado a manifestação, poderíamos voltar a chamá-la.

Então, tratando o cancelamento anterior como uma falha nossa, reconvidamos as pessoas, mas ganhei inimigos para a vida, pessoas que não participaram dos bastidores que agora posso abrir para vocês. Alguns chegaram a dizer que eu seria linchada caso aparecesse na manifestação que cancelei e descancelei, achavam que eu queria melar o ato. O ser humano consegue ser muito cruel e injusto quando quer ou quando não se importa com o próximo e em um único mês percebi como podemos cair do céu, direto no inferno.

Enfim, o dia 31 de julho foi um sucesso, o movimento NasRuas não teve caminhão, mas foi convidado do Movimento Brasil, juntamente com a Joice Hasselmann e outros ativistas que estiveram ali, com os bonecos: Bandilma, Pixuleco, Petralowski e Canalheiros. Em Brasília, onde estive pela manhã, subimos o Enganô e a Dilmentira, do Movimento Brasil, de Alagoas. As músicas do Boca Nervosa fizeram muito sucesso, inclusive a música feita para o ministro Lewandowski, por conta da denúncia de um mês atrás.

Subir os bonecos que foram alvo de denúncia há tão pouco tempo poderia ser enquadrado em crime de desobediência, fui inclusive alertada por Janaina, que me aconselhou de não os subir, mas como afirmei no 1º capítulo, hoje sou mais "inconsequente" com o que poderia me afetar e estava disposta a tudo. Se o intuito deles era me fazer baixar a cabeça e dobrar a espinha, a corte suprema do país e o procurador geral da República escolheram a pessoa errada, e eu não estava sozinha, não estávamos sozinhas.

Agosto de 2016 prometia ser um mês agitado para o Brasil. Olimpíada no Rio de Janeiro e a votação final do *impeachment* de Dilma Rousseff. Os jogos foram realizados entre os dias 5 a 21 de agosto e trouxeram os olhares do mundo para nós. Nosso país foi o foco das atenções. Centenas de partidas agitaram aquelas duas semanas, promovendo a circulação em peso da moeda brasileira. Com a economia girando, os gringos e os nativos gastando, o comércio lucrando e os empresários investindo, a lógica final era a de que a nação sairia da competição com saldo positivo, lá em cima.

Bom, mas isso ficou só no sonho mesmo. Na realidade, a situação foi inversa. Foram gastos 41,03 bilhões de reais, de acordo com dados divulgados no *site* do *Globo Esporte* em junho de 2017. Os maiores valores saíram da iniciativa privada: 57,6% contra 31,9% do Governo Federal, somados a 10,4% do Municipal, e ainda 0,1% do Estadual. Aproximando mais os números, o cidadão carioca mais o brasileiro de outras localidades desembolsaram 42,4% para realizar o evento. Ou seja, quase 17,4 bilhões de reais.

Não sou hipócrita em afirmar que não acompanhei parte da Olimpíada ou que não tenha achado linda a estrutura montada. O problema, na verdade, é outro. Gostaria de saber como é que o poder público tem a capacidade de destinar mais de 17 bilhões de reais em construções gigantescas para uma atração de 17 dias e não é capaz de ter o mesmo empenho para investir em saúde, educação e segurança? Por que, PT? Por que, PMDB?

Construir estádios país afora, que hoje estão em desuso ou subutilizada toda a estrutura, fazer monumentos e tudo mais, só para gringo ver? Que atitude sem vergonha, hipócrita e desonesta! É maravilhoso sim ter um evento como a Olimpíada no Brasil. As vantagens são enormes. Só que os governantes não as tornam reais. Não destinam o dinheiro conquistado para os investimentos necessários. Desviam milhões para atender a satisfações individuais, de grupos políticos e de empresários.

Enquanto isso, milhares estão morrendo nos hospitais. Milhares estão agonizando nas filas do SUS. Milhares morrem ou sofrem pela péssima segurança pública. Milhares estão à procura de vagas em escolas.

Milhões estão desempregados. O Rio de Janeiro está destruído, acabado. Aquele estado está no fundo do poço, sem condições de pagar os funcionários públicos, com uma polícia desmerecida, com escândalos atrás de escândalos. E os governantes fizeram o quê? O que se pode aproveitar dos Jogos Olímpicos?

É indignante chegar a essa situação. Essa palhaçada patrocinada pelo PT de Dilma Rousseff e PMDB de Eduardo Paes. Bandidagem da mais suja. E, depois, têm a coragem de vir a público falar que mudaram o país. Mentirosos, aproveitadores! Tenham vergonha! Que na consciência de vocês pese, dia após dia, os danos causados principalmente à população mais pobre e dependente. Vocês, que se utilizam dessa gente para se promover e fazer propaganda política. Propaganda enganosa, manipuladora.

Os jogos foram maravilhosos. Mas o resultado final foi catastrófico. Igual ao governo petista e peemedebista.

A esperança petista era a de que, se o Brasil fosse bem nos jogos, o clima pesado na política poderia se acalmar e, assim, o partido ter uma chance de vencer o *impeachment*. O país conseguiu sua melhor colocação na História, ficou em 13º (apesar do número não ser muito bonito, rsrsrs), mas não atingiu a meta do Comitê Olímpico brasileiro, que era a de ficar entre os 10 primeiros. Foram 7 medalhas de ouro, 6 de prata e mais 6 de bronze: 19 no total.

Apesar do bom resultado, o povo rapidamente voltou seu olhar para a política, algo incomum até os últimos anos. Conhecido por idolatrar o futebol e as festas, o brasileiro nunca teve fama de elevar o ibope dos assuntos políticos. Que bom que isso começou a mudar. Ao final da competição, restavam apenas 10 dias para a verdadeira decisão final, que poderia coroar com ouro a nação. Estava chegando a hora da votação no Senado Federal.

CAPÍTULO 24

IMPEACHMENT: O JULGAMENTO FINAL

O julgamento durou alguns dias no Plenário do Senado e o momento mais marcante para mim, foi a oitiva de Júlio Marcelo, que descobriu as pedaladas fiscais de Dilma no TCU, que foi também autor da denúncia por ser membro do Ministério Público do Tribunal de Contas.

José Eduardo Cardozo pedira que Ricardo Lewandowski o considerasse suspeito porque uma única vez durante todo aquele tempo, Julio Marcelo apoiou um ato dos movimentos para que fossem negadas as contas do governo Dilma. Ele passou à condição de informante ao invés de testemunha e achei uma tremenda falta de respeito com o trabalho daquele grande homem, que em nenhum momento caiu nas inúmeras agressões dos integrantes do Partido dos Trabalhadores e de Cardozo, o advogado de Dilma.

O trecho que transcreverei a seguir do diálogo entre José Eduardo Cardozo e Dr. Julio Marcelo teve, no *Facebook*, mais de 151 mil compartilhamentos e mais de 4 milhões de visualizações. Este trecho foi apagado do *YouTube* do Senado, eu filmei ao vivo, da tela do *notebook* para poder guardá-lo, ou seja, é uma relíquia.

Eduardo Cardozo – A primeira pergunta que faço ao Dr. Julio Marcelo, porque tenho a convicção que vossa senhoria mudou seu entendimento porque tem no fundo um desejo profundo de condenação da presidente da República, não poderia mudar os fatos, e o que hoje se viu aqui talvez leve a uma presunção de eu esteja certo, é porque vossa senhoria mudou de opinião, porque que vossa senhoria achou no primeiro momento que o excesso de arrecadação era neutro, e escreveu isso. O que o levou a este convencimento, quais foram seus argumentos?
Dr. Júlio Marcelo – Gostaria de saudar o nobre advogado de defesa, vossa excelência se equivoca quando deixa de atuar como causídico e passa atuar como psicólogo, pretendendo buscar desejos profundos em mim. Não existe esse desejo profundo de condenação da presidente da República. Existe uma responsabilidade funcional que eu procuro cumprir com a maior dignidade possível.

Ainda na véspera do depoimento de Dilma no Senado, que aconteceria em 29 de agosto, houve uma reunião na Secretaria geral do Senado e ficou decidido que cada uma das partes do processo de *impeachment* (Dilma e Janaina Paschoal), poderia convidar 30 pessoas para assistirem o depoimento da ex-presidente.

A princípio seriam somente convidados de Dilma, mas Renan Calheiros acreditou que seria necessário fazer uma lista para que o lado verde e amarelo também pudesse convidar quem batalhou pelo *impeachment*, tão logo decidido isso, Dr. João Berchmans Correia Serra se reuniu com Janaina Paschoal, enquanto ouvia as testemunhas do julgamento da ex-presidente.

Lewandowski presidia a sessão, eu estava entre os convidados de Janaina Paschoal. Neste momento, o secretário geral da mesa chama o Dr. João, lhe dizendo que há um problema com a lista de convidados, que lhe perguntou quais seriam os nomes para substituição. Dr. João foi chamado para falar com o secretário até o plenário:

> Essa Carla é presidente de um movimento e ela fez um boneco do Lewandowski e a Bia Kicis é sua advogada em uma ação criminal que o ministro

está movendo contra a Carla Zambelli. O ministro tem receio que elas entrem no plenário com o boneco dela.

Dr. João nem sabia do tal Petralowski, ele estava trabalhando insanamente no *impeachment*. Ele contestou que eu não conseguiria entrar com o boneco no Plenário do Senado. Contemporizou e falou ainda do fato de que a ação penal, mesmo sendo partes adversas, não seria fundamento para nos barrar.

Se o problema é estar respondendo uma ação penal, eu exijo que o mesmo critério seja aplicado também aos convidados da Dilma, que contava Mercadante, Ricardo Berzoini, Lula, todos implicados em ações penais. Afinal de contas, eles estavam inclusive trabalhando na cooptação de senadores para votarem contra o *impeachment*.

O secretário coçou a cabeça, constrangido, perguntou se realmente manteria esta posição. João confirmou que sim. Ministro Lewandowski foi consultado pelo secretário voltou à mesa, falou com o Lewandowski, que fitou Dr. João com um olhar que vocês já imaginam qual seja, chegou a cadeira um pouco mais trás, para que Dr. João o ouvisse:

Ministro Lewandowski: – O Sr. insiste em manter seus convidados?
Dr. João: – Sim, insisto em manter os critérios dos meus convidados.

O secretário se entendeu com o ministro, se voltou ao Dr. João e completou que se os convidados fizessem qualquer manifestação contrária ao ministro, ele usaria força policial de forma enérgica.

– Que seja feito, ele tem autoridade, se houver algum abuso ou excesso de algum dos convidados, ele pode e deve agir da maneira que achar melhor, para ambos os lados – completou Dr. João, que foi para sua mesa.

O ministro não mais o cumprimentou, a partir dali. Isso mostra um pouco do caráter do processo de *impeachment*. Evidentemente nenhum ministro quer passar por este constrangimento.

No dia seguinte, quando Dr. João tentou impugnar uma das testemunhas de Dilma, houve uma guerra de braços entre Dr. João e Lewandowski: – "O Sr. está desrespeitando este presidente? O Sr. está desrespeitando minha autoridade?"

Lewandowski tentar passar um "pito" em Dr. João, mas manteve a designação de Ricardo Lodi como informante e não como testemunha. O fundamento de Dr. João era claro, pois este havia atuado como perito no processo de *impeachment* (lembrando que todos os peritos foram contratados pela defesa de Dilma) e também foi o advogado de Dilma nos processos das pedaladas no Tribunal de Contas da União. Era um absurdo uma figura destas ser testemunha, Dr. João tinha razão.

Mas a temperança de Lewandowski se provou na declamação dos elogios que ele prestou a Ricardo Lodi e contemporizou para que este se limitasse a responder os fatos que ele tinha presenciado. Oras, alguém que atua como perito e advogado a favor de Dilma, tem fatos para expor ou pontos de vista a defender?

Desta forma, agradeço ao Dr. João não só por ter brigado por minha participação e da Bia Kicis neste momento tão importante, mas também por defender a verdade e auxiliado Janaina Paschoal frente ao *impeachment*.

O senador Ronaldo Caiado me ligou também, pedindo que eu não fizesse absolutamente nada para atrapalhar aquela sessão, como jogar mini-petralowskis de lá de cima. Eu jamais o faria e me fazia rir que alguém me achasse capaz de tal loucura, eu jamais atrapalharia a Janaina em um momento seu tão delicado.

Voltando a 29 de agosto de 2016, este foi um dos dias mais marcantes e fáceis de descrever neste livro. Mal conseguia dormir, pensando em como seria ver de perto aquele circo que assistimos pela TV. A expectativa de poder entrar no plenário era grande, já que, dos 30 permitidos, eu era a única com restrição. Mas, naquele dia, a lista continha a autorização do presidente do Congresso Renan Calheiros (PMDB). Estávamos prestes a ver e ouvir, de perto, a sessão na qual Dilma faria sua defesa, argumentando e contra-argumentando os senadores.

Conduziram-nos a uma sala, para que os 30 estivessem todos juntos antes de subir até as galerias. Ali, tiramos fotos, fizemos transmissões ao vivo para nossas páginas e confraternizamos. Não entendi o porquê, mas naquele momento, a Maria Lúcia Bicudo (filha do jurista, ex-deputado federal e um dos responsáveis pelo *impeachment*) parecia uma estranha para mim. Rogério Chequer (Vem Pra Rua) não me cumprimentou, até porque ele não subiu até a sala, não se sabe até hoje o motivo.

Fomos, então, conduzidos até a galeria, todos em fila, escoltados pela Polícia do Senado, a mesma que naquele momento já fazia escutas clandestinas com o objetivo de atrapalhar as investigações da Lava Jato contra senadores e ex-senadores.

Chegar lá no alto da galeria e olhar para a mesa onde ficam o presidente e vice do Senado e secretários provocou-me uma sensação estranha. Enrique Ricardo Lewandowski, então presidente do STF e que presidia a sessão de votação do *impeachment*, há poucas semanas havia pedido a investigação sobre a grave ameaça à ordem pública que eu supostamente representava. Ele trocava algumas palavras com Renan e ambos os bonecos olharam sorrindo para mim, por algo que conversavam. Engraçado como seus sorrisos se dissolveram ao me fitar ali, com meus lenços verde e amarelo, que chamavam bastante à atenção. Eu sorri de volta. Na verdade, gargalhei, porque a situação era hilária.

Poucos minutos depois, o chefe da Polícia veio recolher minhas duas *echarpes*, pois representavam as cores da bandeira do Brasil e era proibido ali. Tentei negociar para ficar só com o verde, mas não adiantou e acabei passando frio o dia todo.

A escolha dos lugares já dizia muito sobre cada um: Joice Hasselmann, Bia Kicis e eu, juntas com os ativistas de todo o país sentados aguardando o evento começar. Rogério Chequer, com sua turma do Vem Pra Rua, e Kim Kataguiri e Fernando Holiday, do MBL, estavam dando entrevistas à imprensa. Provavelmente suas assessorias haviam conseguido marcar com os veículos de comunicação.

Ouvir Dilma ler seu discurso não foi difícil. O texto era bem escrito e estávamos empolgados. Ela estava posicionada na tribuna abaixo de nós e, para vê-la e filmá-la, tive que me levantar. Quando ela se sentou, me dei conta: na mesa havia três bonecos meus: Petralowski, Canalheiros e Bandilma. Do outro lado da galeria, outro boneco, o precursor deles, feito pelo Movimento Brasil Livre: o Pixuleco. Eu me divertia com a ideia de poder ter mini pixulecos ali para jogar em cima deles.

Várias outras figuras decoravam o ambiente: Chico Buarque parecia estar mais bêbado do que *O ébrio*, de Vicente Celestino, tropeçava nos fios da entrada das galerias e caía no chão. Na verdade, mais tarde, informações de quem cruzou com ele no banheiro diziam que não era só cachaça que o deixava naquele estado, mas que o cantor também utilizara cocaína.

Eugênio Aragão, ex-ministro da Justiça, ao lado de Lula nos mostrava, mais uma vez, o quanto há pessoas que, mesmo com seus cargos de servidor público, não conseguem entender o que significa ética e apartidarismo. Guilherme Boulos, coordenador do MTST (Movimento dos Trabalhadores Sem Teto), com sua trupe, encarava-nos e, às vezes, fazia sinais com a mão como quem corta a própria garganta. Mulheres muito feias também acompanhavam a sessão, quase dormindo, parecia que estavam ali não por amor, ideologia ou crença, mas por puro interesse financeiro.

No corredor, o presidente do Partido dos Trabalhadores Rui Falcão me encarava por todo o trajeto, até cruzar comigo. A imprensa o acompanhava e a vontade era colocar o pé para ele cair. Mas, a vida já faria isso com ele mais tarde. Gente assim não se sustenta.

Dilma Rousseff fez naquele dia um discurso que cheguei a transcrever para este livro, mas o retirei por vários motivos, primeiro porque para os seguidores da ex-presidente, ele é facilmente encontrado no *YouTube*, e para os que seguirem a linha de raciocínio da constitucionalidade e da força da lei, o discurso não tem qualquer sentido, porque é recheado de inverdades e eu não gostaria de causar este desconforto em nossos leitores ou fazê-los simplesmente pular tais páginas do livro.

Além disso, estas últimas falas de Dilma como presidente da República, nem parecem suas... Quando se tem um bom marqueteiro e redator, tudo fica maravilhoso. Haja vista as propagandas eleitorais do PT, todas sensacionais, mas cheias de inverdades.

Nos dias 30 e 31 não seria permitido às partes, levarem convidados, mas a Joice Hasselmann conseguiu acesso como jornalista ao Senado e, mais ainda, conseguiu que eu e Bia Kicis entrássemos com ela. Todo o julgamento foi bastante maçante, mas houve momentos incríveis também.

No dia do discurso de Janaina Paschoal, houve uma demora da nossa liberação na portaria e ouvimos tudo de pé, na porta do Anexo do Senado, eu e Bia chorando de emoção e Joice se dividindo entre ouvir e tentar fazer com que entrássemos. Eis um dos melhores discursos da tremenda mulher que nos defendera no *impeachment*:

> Muito obrigada excelentíssimo senhor presidente do Supremo Tribunal Federal e também deste julgamento, ministro Ricardo Lewandowski, de quem tive a honra de ser aluna logo no primeiro ano da faculdade de Direito. Cumprimento o presidente da casa, cumprimento todos os senadores presentes, agradecendo esse período de convívio e ensinamentos. Cumprimento primeiramente e agradeço o doutor Hélio Bicudo, pela confiança depositada e pelos ensinamentos deste período. Cumprimento meu sempre professor Miguel Reale Júnior, doutor João Berchmans, doutor Eduardo Nehme, que estão conosco nesta jornada. Gostaria de recordar, que diferentemente do que foi dito ontem, este processo é do povo. Este processo é, não só dos movimentos sociais, que nos apoiaram e inclusive assinaram a exordial, mas esse processo é de cada um dos brasileiros, que individualmente se manifestou por esse período e deu força para que nós pudéssemos e conseguíssemos chegar até aqui. Eu agradeço todos esses brasileiros na pessoa da sra. Maria Lúcia Bicudo, filha do doutor Hélio Bicudo, sem a qual eu não teria conseguido enfrentar tudo o que precisei enfrentar para tentar ajudar meu país.
> Eu reitero o que já disse perante a Câmara e o que disse também na Comissão neste Senado, que ao trazer este pleito de afastamento da senhora presidente da República para o Congresso Nacional, eu estou renovando a confiança que tenho nesta Casa. Eu estou reforçando a importância que o Poder Legislativo tem para a República. E eu prefiro falar em República a utilizar o termo Democracia, não porque a Democracia não seja importante, obviamente que é, mas porque o termo Democracia muitas vezes é interpretado de forma diferente. República não – *Res publica* – aquilo que é de todos, aquilo que é do povo. Então, ao trazer este pleito a Vossas Excelências eu estou reforçando esses valores.

Um processo de *impeachment* é triste. Não é fácil solicitar o afastamento de um presidente da República. No entanto, tem um lado muito positivo, porque o *impeachment* é um remédio constitucional ao qual precisamos recorrer quando a situação revela-se especialmente grave, e foi o que aconteceu. Pior do que os traumas de um processo como este é continuar fingindo que nada está acontecendo. Um povo corajoso enfrenta as suas dificuldades. Já precisamos recorrer a este remédio, estamos recorrendo a ele e espero que não precisemos jamais voltar a lançar mão dele, mas se necessário for, assim o faremos.

Quando ocorre um crime comum por parte do presidente da República, a competência é do Supremo Tribunal Federal. Quando ocorre um crime de responsabilidade, ou vários crimes de responsabilidade, a competência é do Senado Federal. Então, estou aqui reiterando o entendimento que Vossas Excelências não só tem a competência, mas tem total liberdade, e tem a última palavra para falar sobre os fatos objetos deste feito.

Quando eu comecei a pensar em propor esse pedido de afastamento, eu sofri mais do que sofreria em outras situações, pelo fato da presidente da República ser mulher. Eu sei bem como é difícil para as mulheres alçarem determinadas posições de poder. Então, muito me doeu o fato de constatar de que seria justamente eu a pessoa a solicitar o afastamento da primeira mulher presidente da República no nosso país. Muito refleti e conclui que ninguém pode ser perseguido por ser mulher. Entretanto, ninguém pode ser protegido por ser mulher. Fosse a presidente da República um homem, eu pediria o impedimento. Não seria justo que eu assim o procedesse pelo simples fato dela ser mulher.

Quero recordar que, diferentemente do que foi dito aqui muitas vezes, esta acusação não sofreu, pelo menos da nossa parte, mudanças. Se Vossas Excelências resgatarem a entrevista que dei ao Roda Vida (programa da TV Cultura), vão se recordar que, desde lá, eu falo em fraude eleitoral. Eu não mudei a minha acusação e eu não mudei o discurso. Agora, a denúncia foi alterada. Isso é importante que seja resgatado. A denúncia que nós oferecemos, como eu já expliquei inúmeras vezes, tinha três pilares: a omissão da senhora presidente diante do escândalo do petrolão, que atingiu pessoas muito próximas a ela e muito próximas, parte, do partido ao qual ela pertence; as pedaladas fiscais, que são os empréstimos vedados, que foram tomados ao arrepio do ordenamento jurídico brasileiro, e pior, não contabilizados, a fim de dar uma sensação de segurança, que já se sabia que não havia; e os decretos que foram editados em desconformidade com a meta de superávit primário vigente, levando-se em consideração uma meta proposta, que ainda não havia sido aprovada. A nossa denúncia tinha três pilares. A nossa denúncia alcançava fatos entre 2013 e 2015.

Nós ofertamos essa denúncia, apresentamos ao presidente da Câmara dos Deputados porque, constitucionalmente, o presidente da Câmara dos Deputados é a autoridade competente. Ontem eu fiquei surpresa com a acusação de que teria havido um complô entre os denunciantes, o presidente da Câmara dos Deputados e partidos da oposição. Chegou-se ao absurdo de dizer que o presidente da Câmara dos Deputados teria, se eu entendi, redigido a exordial, ou ditado a exordial.

Eu fiquei pensando se teria sentido o presidente da Câmara ter preparado uma exordial que, no minuto seguinte, simplesmente retalharia? Como expliquei a Vossas Excelências, nossa denúncia tinha três pilares: petrolão, pedaladas e decretos, 2013 a 2015. Se esta denúncia tivesse sido feita sob a orientação do presidente da Câmara, teria sentido que ele rejeitasse parte significativa da acusação? O sr. Eduardo Cunha afastou tudo que dizia respeito ao petrolão. O sr. Eduardo Cunha afastou tudo que dizia respeito aos fatos anteriores a 2015. Mas, interpretou-se aquela primeira decisão como sendo suficiente para afastar tudo que dizia respeito ao BNDES, inclusive no ano de 2015, e Vossas Excelências bem sabem da gravidade do que aconteceu no BNDES. A título de exemplo eu cito um ofício que consta dos autos, muito embora a defesa tenha solicitado que fosse retirado e não foi, datado de 13 de junho de 2016, informando que, entre 2014 e 2015, a Petrobrás recebeu, do programa do PSI do BNDES, 400 milhões de reais. A BRASKEM, entre 2014 e 2015, recebeu do BNDES, programa PSI, por meio das pedaladas fiscais, 350 milhões de reais.

É curioso que estas mesmas empresas estejam no centro do escândalo do mensalão, várias investigações. O dinheiro público saiu por meio das pedaladas, alimentou empresas grandes, inclusive a estatal, que, pelo outro lado, estava sendo sangrada. Todos os levantamentos feitos mostram que os valores das pedaladas, que foram destinados aos programas para as pessoas carentes, não chegam a 2%. Então, a argumentação que vem sendo aqui utilizada no sentido de que haveria uma espécie de inexigibilidade de conduta diversa por parte da senhora presidente não procede. As pedaladas favoreceram principalmente grandes e médias empresas, favoreceram os ricos. Esse discurso que vem sendo adotado é completamente falacioso. Mas, vejam Vossas Excelências, como poderia o presidente da Câmara ter nos orientado a fazer esta exordial para, no ato seguinte, cortá-la completamente?

É intrigante que a defesa criou um discurso de que o nosso processo seria um golpe, porque foi iniciado pelo presidente da Câmara. Seria, portanto, ilegítimo, desvio de finalidade, porque, essa coisa de que ele editou a peça é inovação, mas a história do desvio de finalidade vem sendo repetida ao longo do tempo. Por outro lado, não fosse a decisão do presidente da Câmara, a defesa não teria nenhum argumento a sustentar aqui perante Vossas Excelências, porque por um lado, eles entendem que o presidente da Câmara não tem legitimidade: foi "desvio de finalidade". Por outro, aquela decisão primeira, que para mim é uma decisão a título precário e já vou explicar o porquê, eles se apegam com unhas e dentes. "É a decisão mais importante dos autos", "foi a decisão que deu o tom, que circunscreveu". Ora, ou bem o homem tem legitimidade, ou bem o homem não tem legitimidade. O que não dá para compreender é que, a um só tempo, o homem seja a expressão do golpe e o limite da legalidade, porque é isso que está acontecendo.

Eu quero recordar a Vossas Excelências que o Supremo Tribunal Federal, no julgamento que decidiu qual seria o rito aqui, seguido pro nosso processo, disse o seguinte, e eu vou usar aqui as palavras da Corte, não estou, com isso, fazendo juízo de valor: "não é possível que a Câmara baixa cerceie a Câmara alta". Quando o Supremo disse isso, estava dizendo que a votação na Câmara não significava o recebimento da denúncia, apenas o Senado poderia receber a denúncia. Ou seja, a decisão do plenário da Câmara, dois terços, não vinculava o Senado Federal. Eu pergunto a Vossas Excelências: qual é a lógica de dizer que a primeira decisão de admissão do sr. presidente da Câmara vincula Vossas Excelências? Não tem lógica, não tem respaldo jurídico.

A defesa, de maneira muito inteligente, está se baseando numa teoria segundo a qual o ilícito seria único, tanto no âmbito penal como no âmbito do administrativo. Por esta teoria, em quaisquer processos administrativos sancionadores, todos os princípios do Direito Penal material seriam aplicados. Se Vossas Excelências prestarem atenção, o tempo inteiro a defesa fala na tipicidade, na tipicidade estrita, na circunscrição do julgamento, a denúncia, na verdade não a denúncia, porque nossa denúncia foi muito ampla, mas aquela decisão precária do presidente da Câmara. O que está tentando é fazer crer que esta teoria, de que o administrativo sancionador, de que os processos são únicos e que todas as regras devem ser aplicadas da mesma maneira, seria absoluta, aplicada nos nossos Tribunais, mas isso não é verdade. Eu respeito os adeptos de tal teoria, porém o próprio professor Geraldo Prado, que veio aqui prestar depoimento na condição de testemunha, reconheceu que ele é partidário desta teoria, mas ela é minoritária, como são minoritárias as garantias extras que foram concedidas a sra. presidente da República. Não estou fazendo queixa aqui, só quero que isso seja reconhecido para que Vossas Excelências tenham a consciência tranquila ao darem o seu veredito, e para que o povo brasileiro tenha a consciência tranquila de que nada, nada fora do que é legal e legítimo, porque não basta ser legal, está sendo feito nesta oportunidade.

Neste sentido, eu reitero a convicção de que deveríamos seguir os ensinamentos do falecido ministro Paulo Brossard, quando diz que o Senado é soberano. O Senado é tão soberano que ele tem o direito e o dever de analisar a denúncia na íntegra e, inclusive, levar em consideração, fatos posteriores. Eu tenho sido coerente com esta convicção desde o primeiro minuto. A meu ver sempre foi possível, necessário e adequado trazer para este processo todas as delações. A delação de Delcídio, a delação de Cerveró, a delação de Mônica Moura, e outras tantas. Quando a defesa solicitou o anexo das gravações, a nossa posição foi: que venham as gravações, mas que venham todas, porque a defesa tem esse costume, eles só querem trazer o que lhes interessa, e muitas vezes recortam as provas no pedacinho que lhes interessa. Que venham as gravações, e venha inclusive aquela que diz que se o Marcelo Odebrecht fizer a colaboração premiada, funcionará como uma flecha no peito da presidente Dilma Rousseff.

A nossa denúncia tratava até do envio de 50 milhões de reais para países de transparência suspeita e de democracia suspeita, sem finalidade precisa e sob sigilo. Isso também foi afastado. Pois bem, pode o colega levantar e dizer: "Janaina isso tudo está fora do processo". Isso tudo pode estar fora do processo por uma decisão do deputado Eduardo Cunha, mas isso é a nossa realidade. E senadores da República não podem votar fora da nossa realidade. É necessário que o mundo saiba que nós não estamos tratando aqui de questões contábeis. Por isso eu perguntei para um dos professores, acho que para o próprio professor Prado: "professor, o que foi dito para os colegas professores estrangeiros para eles se convencerem de que foi golpe? Foi dito que a presidente está sendo afastada com base em três decretos? Foi dito que ela está sendo afastada por causa de um probleminha de contabilidade?" Se foi isso que foi dito, é razoável que eles estejam pensando que é um golpe. Ou foi dito que nós, povo brasileiro, fomos vítimas de uma fraude? Ou foi dito que nós, povo brasileiro, fomos enganados? Percebem? Eu não tenho como chegar aqui e me curvar às vontades totalitárias da defesa, que, a todo momento, tenta circunscrever a nossa fala, o nosso pensar, como o partido, que se diz dos trabalhadores, procurou fazer com os cidadãos brasileiros, mas não conseguiu, e não conseguirá.

As questões que são apontadas aqui como questões contábeis, na verdade constituem uma grande fraude. Esta grande fraude foi, de maneira muito preciosa, apontada pelo procurador Ivan Marques, do Ministério Público Federal. Curiosamente a defesa trouxe o parecer deste procurador e leu um único parágrafo, que diz que o procurador entendia que os empréstimos tomados, que as operações mantidas com os bancos públicos não constituiriam operação de crédito, sem mostrar que o procurador falou claramente que ele estava trabalhando com a ideia da tipicidade penal, que é diferenciada, que requer mais. A área penal, até por envolver a liberdade do ser humano, é mais garantista, e é assim que tem que ser. A parte em que o procurador da República escreveu que houve fraude, que as pedaladas foram feitas com fim de não mostrar na contabilidade do governo que o dinheiro dos bancos públicos estava sendo utilizado para que a população tivesse a sensação de que a nossa poupança era real, de que a poupança existia, esta parte eles não dizem, eles não leem. A em parte que o procurador da República escreveu foi feito um falseamento. Eles criaram um prazo de 24 meses no BNDES e sequer cumpriram esse prazo. Com relação ao Banco Safra, eles tiveram a desfaçatez de dizer que não havia prazo. O ex-ministro Nelson Barbosa esteve aqui quando perguntei a ele: "ministro, nós estamos discutindo cinco dias, trinta dias, quinze dias, qual é o prazo para Vossa Excelência?" O que foi que ele respondeu? "O prazo não existe, depende da disponibilidade do Tesouro". Ué, se depende da disponibilidade do Tesouro, significa o seguinte: paga quando quiser. Eu pergunto: o banco privado se submeteria a isso? Foi demonstrado aqui que não.

A bancada que defende a sra. Presidente solicitou a reabertura dos trabalhos da Comissão de *Impeachment* aqui no Senado, com que fundamento? Com o fundamento de que a oitiva do procurador Ivan Marques era essencial para a justiça da causa. Quando Vossas Excelências foram chamadas a votar a pronúncia aqui no plenário, quantas questões de ordem foram levantadas para dizer que o procurador Ivan Marques teria que ser chamado? Quantas questões de ordem? Pois bem, houve a pronúncia, nós apresentamos o libelo, abriu-se o prazo da contrariedade ao libelo. A defesa teve a oportunidade de arrolar seis pessoas. Pergunto: onde estava o nome do procurador Ivan Marques? Eles solicitaram tanto que o feito fosse reaberto, que a instrução fosse reaberta para ouvir Ivan Marques. Quando abre-se a possibilidade, Ivan Marques não aparece no rol. Aparecem pareceristas, aparecerem advogados, aparecerem economistas que não leram os autos do processo do TCU, aparece uma testemunha, que no curso do processo foi nomeada para um cargo público. Em qualquer outra situação isso seria tido como um fato grave. E, quando as pessoas envolvidas foram questionadas acerca dessa nomeação, a reação foi de absoluta normalidade. É isso que o PT está fazendo com o nosso país: diante do que é inadmissível eles agem com tamanha naturalidade que até nós, cidadãos comuns, acabamos acostumando com o ilícito.

Ivan Marques não foi chamado porque não poderia desdizer o que escreveu. E ele escreveu que o país foi vítima de uma fraude. Ele escreveu que se está diante de improbidade administrativa, e Vossas Excelências bem sabem que o equivalente da improbidade administrativa para os demais agentes públicos quando se trata da presidente da República, é o crime de responsabilidade. Tem decisão do Supremo Tribunal Federal neste sentido.

Quando a acusação desmistificou a tese de que o parecer do procurador Ivan Marques seria favorável à defesa, qual foi o argumento da defesa? É brincadeira, eles viraram e disseram assim: "não, mas saiu uma nota do procurador dizendo que é 2014, saiu uma nota do procurador dizendo que ele não falou da presidente". Não, espera aí, até aquele momento, quando eles se apegavam ao parecer como se fosse descobrimento de outro país, aí podia, aí não tinha vedação temporal. No momento em que nós mostramos a fraude, não só a que fomos vítimas, mas a de que o processo estava sendo vítima na medida em que só se lia um parágrafo, aí tem a limitação temporal, aí vão lembrar da manifestação do deputado Eduardo Cunha, o mesmo que teria dado um golpe.

Eles alegam a todo tempo de que foram vítimas de vários conluios. Conluio de Eduardo Cunha com os partidos de oposição, com os denunciantes. Depois surgiu o conluio do procurador do TCU com o auditor do TCU. Depois, chegaram a sugerir que eu teria me encontrado com uma das testemunhas, sendo que eu não aceitei nem me hospedar no hotel em que as testemunhas estavam hospedadas para não ter nenhum risco de passar no mesmo corredor. Acho que se tiver alguém fazendo algum tipo de composição neste processo é Deus. Foi Deus que fez com que várias pessoas, ao mesmo tempo, cada uma na sua competência, percebessem o que estava acontecendo com o nosso país, e conferisse a essas pessoas coragem para se levantarem e fazerem alguma coisa a respeito.

Eu vou conversar com Vossas Excelências um pouquinho sobre a Lei de Responsabilidade Fiscal. É claro que Vossas Excelências sabem, mas a população brasileira precisa saber, porque não quero que ninguém deste povo tenha isso de dúvida a respeito da legitimidade do que está acontecendo aqui. Eu quero o povo brasileiro com o coração tranquilo. Isso é importante para mim, não adianta ganhar, eu quero que o povo sinta que isso aqui é necessário. Pois bem, por que se criou a Lei de Responsabilidade Fiscal? E aqui faço um registro de justiça com relação a nossa assistente técnica, doutora Selene Perez, que foi uma das mães, digamos assim, desta Lei. Esta Lei foi criada em virtude do que aconteceu na década de 90 com os bancos públicos em vários estados da Federação. Muitos governadores de diversas legendas usavam os bancos públicos como se fossem próprios. Utilizavam o dinheiro dos bancos para pagar as próprias dívidas, quebrando os bancos, prejudicando os correntistas e, de certa forma, iludindo, porque se imaginava que havia uma quantidade de recursos, quando, na verdade, não havia.

Vejam, senhores, como isso é importante. A Lei de Responsabilidade nasce por isso e para coibir esta situação. Quando poderíamos imaginar que, 16 anos depois do advento da Lei, o Governo Federal faria pior, faria pior, por muito mais tempo e na casa dos milhões. Quando poderíamos imaginar? Mas, o fato de eles não respeitarem a responsabilidade fiscal é coerente, porque o partido da senhora presidente votou contra a Lei de Responsabilidade Fiscal, como votou contra a Constituição Federal. Por isso é que eles entendem que esse processo não tem sentido. Eles foram contra a Constituição, nosso processo está lastreado na Constituição. Eles foram contra a Lei de Responsabilidade, nosso processo está lastreado na Lei de Responsabilidade Fiscal. É compreensível. É quase coerente, dentro da sua incoerência de sempre.

A Lei de Responsabilidade Fiscal previu, expressamente, que as afrontas ao seu teor seriam coibidas por meio de vários diplomas: o código penal, a Lei de Improbidade e, expressamente, a Lei 1079/50, que é a Lei que trata do *impeachment*, para atualizar esta lei foi editada uma outra lei, no mesmo ano da Lei de Responsabilidade Fiscal, ou seja uma lei que a complementou, que é a lei 10028 do ano de 2000. Isto é muito importante, Excelências. Essa lei 10028 alterou justamente as partes dos crimes na lei 1078/50. Os dispositivos que hoje estão sendo atribuídos à sra. presidente da República foram incorporados ao nosso ordenamento no ano 2000. Isso significa que são absolutamente falaciosos os argumentos de que estamos aplicando à presidente da República uma lei ultrapassada, uma lei velha, uma lei arcaica. A lei 1078/50 foi completamente alterada, preparada, modernizada pelo advento da Lei de Responsabilidade Fiscal. Esta Lei de Responsabilidade Fiscal, que diz que qualquer valor dela que seja ferido, seja o *impeachment*, no seu Artigo 36, ela proíbe que os entes da Federação e também dos Estados que usem o seu poder para tomar empréstimos dos bancos públicos. Essa proibição é clara e no Artigo 36 existe a palavra "abuso do controle", "controle", aquelas Instituições acima das quais existe o controle.

Isso é importante que seja dito, porque a defesa, como não tem argumentação para fazer frente ao que estamos falando, tem se apegado a essa história de que não seria operação de crédito. Mas, o que operação de crédito é, na essência? É você utilizar o dinheiro de outrem. E foi isso o que aconteceu. Foi isso o que aconteceu. Incidiram os juros. Eles dizem: "mas não havia contrato escrito, não havia acordo de vontades. O próprio assistente técnico escreveu 'olha, faltou contrato'". Quando eu o questionei na Comissão: "doutor, o que o sr. acha que foi diferente a situação dos Estados para a situação agora que estamos enfrentando?" "ah, doutora Janaina, lá tinha contrato escrito, aqui não tem". Mas o senhor está comparando contrato com instrumento de contrato? Qualquer aluno iniciante do Direito sabe que o Instituto do contrato não se confunde com o instrumento do contrato. Então, com todo respeito, a única diferença entre a situação que nós estamos vivenciando hoje e a situação que nós vivenciamos quando a lei foi criada é que os valores são muito maiores, a audácia foi muito maior e a fraude foi significativa porque lá, justamente porque tinha contrato, havia contabilização. Aqui não. O expediente aqui adotado, como bem apontou o procurador Ivan Marques, não foi adotado para financiamento propriamente dito do Governo. Foi para financiamento, mas foi para criar a sensação de que nós teríamos dinheiro para dar continuidade aos programas que foram alardeados no ano eleitoral, como sendo aqueles que cresceriam indefinidamente.

Muitas foram as testemunhas que confirmaram, que no ano de 2014 programas sociais como o FIES foram inflados. 2013 tinha um montante, 2014 subiu significativamente, 2015 caiu. O que foi esse movimento? Esse movimento foi resultado da fraude. Onde é que está a fraude? A fraude tem dois lados: primeiro eles pagaram o que era do seu dever com o dinheiro dos bancos públicos: Caixa, BNDES, Banco do Brasil, não escrituraram esses débitos como receita, ao mesmo tempo não cortaram as despesas, então eles criaram a ilusão: aqui eu tenho as minhas despesas, não aparecem os débitos com os bancos públicos, então eu sou uma pessoa adimplente. Aqui eu tenho as minhas receitas, não fizeram os cortes necessários em 2014. Quando eu cruzo isso aqui, eu tenho o quê? O superávit. Eu tenho uma poupança boa. No ano eleitoral, os especialistas olharam essa poupança. A presidente subia no palanque e dizia: "vou aumentar o Minha Casa Minha Vida, vou aumentar o Bolsa Família, vou aumentar o FIES", os especialistas inocentemente olhavam e diziam: "é verdade, ela tem dinheiro para isso". Porém, estava tudo maquiado. As testemunhas de defesa, todas reconheceram que o ano de 2015 foi um ano que houve cortes nunca antes havidos neste país. A defesa apresenta isso como se fosse um ponto positivo. Não é. O corte de quase 80 bilhões que ocorreu em 2015 é a prova de que eles não fizeram cortes que já eram sabidamente necessários em 2014. E, por que não fizeram? Porque se fizessem, a fraude não daria certo. Porque se fizessem, não teriam como ter inflado os programas que estavam alardeando como sendo possíveis de ter continuidade.

Vossas Excelências vão se recordar quando o ministro Nelson Barbosa esteve aqui, já no Plenário, ele disse que graças aos cortes de 2015, 2016 não foi um ano tão difícil. Aí eu perguntei para ele: "Excelência, utilizando esse mesmo raciocínio, se tivesse havido cortes em 2014, 2015 não teria sido um ano tão difícil?" Ele falou: "é, com certeza". O ministro reconheceu. Foram ouvidas várias testemunhas de defesa aqui, doutor Cláudio, doutor Orlando, doutora Iara, dentre outros. Todos reconheceram que os cortes em 2015 foram muito diferenciados dos de 2014. A título de exemplo eu recordo a Vossas Excelências que, no Ministério da Educação, em 2014 o corte foi da ordem de menos de um bilhão e meio e em 2015 foi de quase 12 bilhões! 12 bilhões! As pessoas acreditaram que iam continuar no FIES, no ProUni, no Ciências Sem Fronteiras, não só porque a presidente mentiu, mas porque os balanços mentiam, as estatísticas mentiam. A fraude foi completa, Excelências. A fraude foi na fala e a fraude foi documental. Quem ouvia a fala e olhava o documento dizia: "ela está falando a verdade". Eu pergunto a Vossas Excelências: isso é ou não é estelionato eleitoral? Eu entendo que sim.

Para fazer frente à ilação de que teria havido um conluio entre o procurador do Ministério Público de contas e o auditor, eu gostaria de recordar que a própria testemunha do BC, se eu não me engano doutor Marcel, esteve aqui e relatou que toda essa fraude começou a ser desvencilhada quando em uma auditoria convencional do BC, realizaram uma visita à Caixa Econômica Federal. Os próprios auditores do BC perceberam, Excelências, que tinha alguma coisa estranha, porque a Caixa contabilizava os créditos, mas o Tesouro e o Banco Central não. Quando eles começaram a analisar essa situação estranha, é que foram constatar que isso não acontecia apenas na Caixa Federal, mas acontecia no BNDES, acontecia no Banco do Brasil, que é o objeto deste feito. Isso é importante que fique bem claro, porque senão parece que foi tudo no Tribunal de Contas, então foi conluio de Cunha com os denunciantes dentro do Tribunal de Contas, também o auditor do BC. E também os movimentos sociais que vieram ontem aqui também estão num conluio macabro. Todo mundo está contra, é o eterno discurso de perseguição.

Mas, vamos além. Quando o Tribunal de Contas da União mandou que os débitos fossem contabilizados, possibilitando, inclusive, que fossem parcelados, eles decidiram pagar na íntegra. Eles apresentam esse argumento como se fosse favorável a eles, mas não é. Eles decidiram pagar na íntegra porque não adiantava mais lançar mão das pedaladas, porque a preocupação deles era a maquiagem. Na medida que o TCU falou "contabilize, regularize", paga-se na íntegra. Para que continuar pagando juros? Paga-se na íntegra. Isso é muito importante que fique claro. Excelências, não sou eu quem está dizendo isso não, isso está escrito no parecer do assistente técnico da defesa, página 85, se Vossas Excelências quiserem conferir. Uma nota técnica do Tesouro Nacional citada pelo próprio assistente técnico da defesa.

Eles querem desmerecer as testemunhas que a acusação arrolou e eu digo a Vossas Excelências que não foi só a acusação que arrolou testemunhas, o juízo também chamou. O juízo chamou doutor Tiago Alves e doutor Albenaz. Eles foram categóricos no sentido de que os bancos públicos foram instrumentalizados, que no ano de 2015 essa instrumentalização chegou à casa de 58 bilhões, 15 bilhões apenas no Banco Safra.

E eu gostaria de chamar atenção para um fato que a defesa sempre se esquece: com relação às contas de 2015, quem fez o relatório não foi o doutor Júlio Marcelo, por quem nutro grande admiração e agradeço o trabalho sério dele porque, sem o trabalho sério dele eu não teria feito meu trabalho sério. Quem fez o relatório de 2015 foi o doutor Paulo Bugarim, procurador geral do Tribunal de Contas. Estará ele também em conluio?
Doutor Otávio Ladeira, se não me falha a memória, que foi trazido pela defesa, confirmou que desde 2013 os técnicos do Tesouro Nacional estão tentando reverter essa situação fraudulenta e que nos levou ao caos. Em dezembro de 2013 estes técnicos, de boa vontade, organizaram uma reunião com o chefe do Tesouro Nacional, doutor Arno Agostin, que era sim muito próximo, se encontrava sim diariamente com a presidente da República, expuseram a ele e também a Marcos Aucélio, que era o segundo homem do Tesouro, que se continuasse daquela forma haveria várias implicações jurídicas e nós seríamos rebaixados nas agências internacionais. Eles avisaram isso em dezembro de 2013. Foi a crise dos Estados Unidos que nos trouxe até aqui?
Todas as testemunhas que foram perguntadas a respeito confirmam essa reunião. Esta reunião se baseou na nota técnica que foi preparada com 97 páginas. A jornalista, senão me engano Leandra Perez, que noticiou essa reunião e todo o problema que houve no Tesouro à época recebeu até um prêmio pela reportagem investigativa que fez. A jornalista também foi comprada?
O que concerne aos decretos? Eles insistem que a meta é anual. A meta de superávit primário é anual, porém a Lei de Responsabilidade Fiscal em seu Artigo nono e em vários outros dispositivos exige que o acompanhamento da meta seja feito bimestralmente, porque de que adianta ter uma meta anual que só vai ser olhada no final do ano? É necessário, pela seriedade da Responsabilidade Fiscal, que esse acompanhamento seja frequente. O próprio ministro Nelson Barbosa reconheceu que existe uma junta orçamentária formada pelo ministro da Fazenda, do Planejamento e da Casa Civil, que se encontram bimestralmente com a presidente da República para apresentar a ela a evolução do acompanhamento da meta.
É falacioso o argumento de que o TCU teria mudado de posicionamento. Primeiro, ainda que isso tivesse ocorrido, uma eventual decisão do TCU

não afastaria a Constituição Federal, a Lei Responsabilidade Fiscal e a legislação orçamentária vigente para o ano, a LOA. Mas, isso não aconteceu. De maneira muito ardilosa, como sempre, a defesa pega um acórdão do TCU de 2009, que trata de decretos de contingenciamento, que não fala expressamente sobre abertura de créditos suplementares e diz que houve uma mudança de posição e que nós estaríamos pretendendo aplicar retroativamente uma norma que não existia. As normas todas existiam, mas sequer a orientação foi alterada. Isso foi confirmado, inclusive, pelo próprio professor Lodi, ao final de seu depoimento aqui quando eu perguntei "professor, o acórdão fala expressamente?" e ele disse "fala de decretos de contingenciamento". Vejam Vossas Excelências que estou fazendo questão de me basear nas testemunhas deles.

E com relação ao episódio da perícia, ao lado desse episódio do parecer do procurador, me deixou até agora atônita, porque a perícia foi toda a favor da acusação. Toda. A perícia confirmou os empréstimos, confirmou que são operações de crédito, confirmou que não foram contabilizados, que os decretos foram editados em desconformidade com a meta vigente levando em consideração a meta proposta, como muitos funcionários vieram aqui trabalhando como se fosse uma medida provisória. A perícia, no que tange à autoria, disse que, no que concerne aos decretos, havia a assinatura da presidente. O único ponto em que a perícia, eles entendem que é favorável, mas que eles poderiam sair por aí alardeando, e quando eles dizem "não houve achados que demonstrem a participação da presidente nas pedaladas", ora, as pedaladas foram uma fraude. O que se queria? Um *e-mail* da presidente, um ofício dizendo: "não contabilizem"?

Não obstante a perícia tenha corroborado a acusação, o tempo inteiro eles sustentam que a perícia foi favorável a eles. E, Excelências, eles mentem tão bem, são tão competentes no *marketing* que a gente acredita! Até as pessoas que estão do meu lado dizem: "poxa, doutora, que pena que a perícia não foi favorável" e eu às vezes mostro o papel... "Mas eles são tão convincentes...".

Excelências, a prova de que a perícia foi favorável à acusação é muito simples. Nós não fizemos nenhum questionamento aos peritos. Eles fizeram 70 pedidos de esclarecimento. Quem pede 70 esclarecimentos para aquilo que lhe é favorável? A nossa assistente técnica fez um laudo perfeito, como uma mulher que conhece muito da matéria, corroborando as conclusões dos peritos. Os assistentes técnicos deles, acho que foram dois, tentaram demolir o laudo pericial. Esta perícia lhes foi favorável? Eu não compreendo.

Com relação ao dolo, além de todos os alertas da imprensa, do MPU, do TCU, dos técnicos do Tesouro, o ministro Adams, admitiu na Comissão, que em 2014, numa atitude preventiva, já sabendo que esta situação estava posta, aconselhou o ministro Mantega, Tombini e Arno a pagarem as pedaladas. Numa atitude muito hábil, o advogado disse: "não, não, não esse conselho veio quando o TCU mandou pagar". Eu falei: "não, não doutor, porque quando o TCU mandou pagar, em 2015, Mantega já não estava mais lá. Doutor Adams foi categórico, ele aconselhou Mantega". Desde 2014 os ministros que fazem reunião bimestral com a presidente, a junta orçamentária, foi aconselhada pelo então AGU a pagar o débito dos bancos públicos. E eles mentem.

Além desses avisos todos evidenciarem o dolo e a autoria da sra. presidente, eu gostaria de lembrar que foram muitos os órgãos públicos envolvidos para que essa fraude desse certo para eles, não para nós, para nós deu muito errado. Excelências, foram envolvidos o Banco Central, o Tesouro Nacional, o Banco do Brasil, a Caixa Econômica Federal, o BNDES, a SOF [Secretaria de Orçamento Federal] do Ministério do Planejamento. Eu indago a Vossas Excelências: quem é a autoridade que está acima de todos eles? Quem coordenou tudo isso? A presidente é inocente?

Eu tenho ouvido reiteradamente que a presidente é uma pessoa honesta. Eu louvo a educação da presidente ontem nesta Casa, eu louvo o fato dela ter vindo a esta Casa, entendo que foi em respeito para com Vossas Excelências, muito embora tenha desrespeitado anteriormente, estamos aqui também por causa disso. Porém, não me parece honesto dizer para o povo que existe dinheiro para continuar com programas que, para este povo são essenciais, quando já se sabe que eles não existem. Não é honesto juntar um parecer e ler apenas um parágrafo. Não é honesto dizer que uma perícia que lhe é absolutamente contrária, lhe é favorável. Não é honesto vir aqui e não responder nenhuma das indagações, por mais claras e objetivas que fossem. Não é honesto agraciar uma testemunha no curso do processo com um cargo público. Não é honesto acusar uma colega sem checar. Não é honesto acusar uma pessoa de ter sido paga quando se sabe que ela não foi.

Mas, tudo isso foi muito bom para que o povo brasileiro percebesse como é o modo PT de ser. O modo PT de ser é esse. É a enganação. É o PT que não pede desculpas. É o PT que nega os fatos, nega a realidade.

Quando eu entrei neste processo, eu pensei "meu Deus, eu sou uma defensora, eu vou fazer uma grande acusação, não é simples", não pensem os senhores que fico feliz acusando, não fico. Porém eu me coloco neste processo como uma defensora do Brasil. Nós precisávamos fazer alguma coisa. Na semana passada eu recuperei os autos do processo do ex-presidente Collor e havia muitos diálogos no sentido de que "estamos inaugurando uma nova era, agora o Brasil vai mudar". Eu gostaria de pedir a Vossas Excelências que tivessem em mente que eu sofri muito para chegar até aqui hoje. As pessoas do nosso povo estão sofrendo muito com as consequências desta grande fraude.

Acima do problema monetário, do problema em termos de desvios e corrupção, o que nós carecemos é de transparência. É significativo que a Lei de Responsabilidade Fiscal trate da transparência. Nós precisamos de transparência fiscal, mas também precisamos de transparência humana. Nós não aguentamos mais a política do marketing. Nós queremos líderes que olhem nos nossos olhos. Então eu peço a Vossas Excelências, eu entrei nesta história sem ser chamada porque entendi que era necessário para defender meu país. Eu quero sair daqui e voltar para o anonimato, a tranquilidade do anonimato.

Eu peço a Deus e a Vossas Excelências que entendam a magnitude desse momento e o tanto que esse povo está precisando de seriedade e transparência. Eu digo a Vossas Excelências, e estou finalizando, que não quero precisar tomar uma medida como essa novamente, mas se for necessário eu tomo. Então eu conto com Vossas Excelências para que possamos garantir um Brasil melhor, um Brasil mais limpo e mais translúcido para nossas crianças. Muito embora eu esteja convicta de que estou certa e de que estou fazendo certo, mesmo quando estou certa eu reconheço que minhas atitudes podem gerar sofrimentos para as pessoas e, mesmo estando certa, eu peço desculpas para a sra. presidente da República, não por ter feito o que era devido, porque eu não podia me omitir diante de tudo isso. Eu peço desculpas porque eu sei que a situação que ela está vivendo não é fácil. Eu peço desculpa porque eu sei, muito embora esse não fosse meu objetivo, eu lhe causei muito sofrimento. E eu peço que ela, um dia, entenda que eu fiz isso pensando, também, nos netos dela. Eu agradeço – Dra. Janaina Paschoal.

Chegou o dia 31. Nas mãos dos senadores estava a decisão de livrar o Brasil, ou não, das garras afiadas do PT. Estavam eles reunidos na sala, onde a reunião estava para acontecer. Presidida pelo ministro e então presidente do STF Ricardo Lewandowski, a promessa era de muita discussão. Ao final, o resultado que todos esperavam: Dilma, enfim, era afastada definitivamente do cargo. Por 61 votos a 20 ficou definido, até então, a maior queda do PT.

De lá de cima nós três comemorávamos e puxamos o hino nacional, foi bastante emocionante ver tudo aquilo de perto, era a história se escrevendo literalmente debaixo de nossos olhos.

Foi quando entendi o porquê de Miguel Reale Jr. ter tentado preparar Janaina para o pior nos dias anteriores, tínhamos algo para comemorar, o que de fato fizemos, mas, como não há perfeição, Lewandowski aprontou. Será que Reale Jr. já sabia do que ia acontecer? Teria ele participado de alguma prévia negociação?

Aquele que deveria ser o guardião das Leis brasileiras resolveu rasgar a Constituição e criou uma votação para decidir se Dilma ficaria impedida de exercer qualquer função pública e inelegível pelos próximos 8 anos, a partir de 1º de janeiro de 2019. Neste caso, ela venceu.

CAPÍTULO 25

O VERDADEIRO GOLPE E AS ESPERANÇAS EM UM NOVO BRASIL

Se ocorreu algum "golpe", este não foi o afastamento de Dilma Rousseff da presidência, tal como alardeado em diversos livros de apoiadores do PT ou nos discursos reverberados pelos membros deste partido ou de suas linhas auxiliares. O verdadeiro "golpe" foi a manobra regimental, sancionada por Ricardo Lewandowski, de fracionar o julgamento do *impeachment*, mediante o expediente de destaque de votação.

Este fracionamento fez com que ocorressem duas votações distintas. Como relatado no capítulo anterior foi decidido em um placar 61 a 20 votos pela perda do cargo de Presidente da República. No entanto, a interpretação de que, em total contradição com o expresso no texto constitucional, deveria com o quórum de 54 votos favoráveis se decidir, em uma segunda votação, a cassação dos direitos políticos de Dilma. O resultado deste pleito foi de 42 votos favoráveis e 36 desfavoráveis à perda de tais direitos.

De fato, o Senado *"rasgou a Constituição"*, de acordo com a avaliação do advogado Marcelo Gurjão Silveira Aith, especialista em Direito Eleitoral e Público da Aith Advocacia, que afirmou o seguinte:

O texto constitucional, expressa e claramente, determina que o Presidente da República ao ser condenado por crime de responsabilidade, por decisão de dois terços dos votos do Senado Federal, perderá o cargo, com inabilitação, por oito anos, para o exercício de função pública, sem prejuízo das demais sanções judiciais cabíveis.
Ou seja, a lei suprema do país estabelece que a condenação terá como consequência a imposição de ambas as penas, sendo uma aberração jurídica decidir de forma diversa.

Segundo o especialista, a manobra consistiu em dividir a votação em dois pontos: a) à perda do cargo; e b) inabilitação, por oito anos, para o exercício de função pública, sem prejuízo das demais sanções judiciais cabíveis.

Portanto, a decisão do presidente Lewandowski em separar a perda do cargo, da inabilitação para o exercício de função pública, confere uma interpretação totalmente contrária ao espírito do parágrafo único do artigo 52 da Constituição da República.
Em verdade, deu maior relevância jurídica ao Regimento Interno do Senado e a Lei nº 1079/59 (Trata do Crime de Responsabilidade) em detrimento da Constituição.

Saímos do Senado um pouco chateadas, mas sem nos deixar abalar pela felicidade da vitória de ter afastado Dilma da presidência da República. Falamos com a Janaina e ela nos pediu que não mexêssemos mais no processo, pois qualquer ato nosso poderia reverter todo o processo do *impeachment* e voltarmos à estaca zero.
O Supremo Tribunal Federal (STF) era capaz de tudo, até de cancelar todo o processo, desde a Câmara, o afastamento de Dilma no Senado e o próprio *impeachment*, só por conta de deixá-la sem direitos políticos? Naquele momento, pensei: ora, se o brasileiro, depois de tudo isso ainda a eleger, é porque praticamente merece os representantes que tem.
Quase dois anos depois o STF provou que tem a coragem de reverter grandes conquistas populares sem resgatar o projeto original, como fez com as 10 medidas, lembram-se?

Ao som do Hino Nacional e na presença de políticos, populares e da imprensa, poucas horas depois, Michel Temer foi empossado como presidente definitivo no Congresso. À noite, ele fez outro pronunciamento à nação pelo rádio e pela televisão.

Assumo a presidência do Brasil, após decisão democrática e transparente do Congresso Nacional. O momento é de esperança e de retomada da confiança no Brasil.
A incerteza chegou ao fim.
É hora de unir o país e colocar os interesses nacionais acima dos interesses de grupos. Esta é a nossa bandeira.
Tenho consciência do tamanho e do peso da responsabilidade que carrego nos ombros. E digo isso porque recebemos o país mergulhado em uma grave crise econômica: são quase 12 milhões de desempregados e mais de R$ 170 bilhões de déficit nas contas públicas.
Meu compromisso é o de resgatar a força da nossa economia e recolocar o Brasil nos trilhos.
Sob essa crença, destaco os alicerces de nosso governo: eficiência administrativa, retomada do crescimento econômico, geração de emprego, segurança jurídica, ampliação dos programas sociais e a pacificação do país.
O governo é como a sua família. Se estiver endividada, precisa diminuir despesas para pagar as dívidas. Por isso, uma de nossas primeiras providências foi impor limite para os gastos públicos. Encaminhamos ao Congresso Nacional uma proposta de emenda constitucional com teto para as despesas públicas. Nosso lema é gastar apenas o dinheiro que se arrecada.
Reduzimos o número de ministérios. Demos fim a milhares de cargos de confiança. Estamos diminuindo os gastos do governo.
Para garantir o pagamento das aposentadorias, teremos que reformar a Previdência Social. Sem reforma, em poucos anos o governo não terá como pagar aos aposentados. O nosso objetivo é garantir um sistema de aposentadorias pagas em dia, sem calotes, sem truques. Um sistema que proteja os idosos, sem punir os mais jovens.

O caminho que temos pela frente é desafiador. Conforta-nos, entretanto, saber que o pior já passou. Indicadores da economia sinalizam o resgate da confiança no país.

Nossa missão é mostrar a empresários e investidores de todo o mundo nossa disposição para proporcionar bons negócios que vão trazer empregos ao Brasil. Temos que garantir aos investidores estabilidade política e segurança jurídica.

Para garantir os atuais e gerar novos empregos, temos que modernizar a legislação trabalhista. A livre negociação é um avanço nessas relações.

O estado brasileiro precisa ser ágil. Precisa apoiar o trabalhador, o empreendedor e o produtor rural. Temos de adotar medidas que melhorem a qualidade dos serviços públicos e agilizem sua estrutura.

Já ampliamos os programas sociais. Aumentamos o valor do Bolsa Família. O Minha Casa, Minha Vida foi revitalizado. Ainda na área de habitação, dobramos o valor do financiamento para a classe média.

Decidimos concluir mais de mil e quinhentas obras federais que se encontravam inacabadas.

O Brasil é um país extraordinário. Possuímos recursos naturais em abundância. Um agronegócio exuberante, que não conhece crises. Trabalhamos muito. Somos pessoas dispostas a acordar cedo e dormir tarde em busca do nosso sonho. Temos espírito empreendedor, dos microempresários aos grandes industriais.

Agora mesmo, demos ao mundo uma demonstração de nossa capacidade de fazer bem feito. Os Jogos Olímpicos resgataram nossa autoestima diante de todo o mundo. Bilhões de pessoas, ao redor do planeta, testemunharam e aplaudiram nossa organização e entusiasmo com o que o Brasil promoveu o maior e mais importante evento esportivo da terra. E teremos daqui a pouco as Paralimpíadas, que certamente terão o mesmo sucesso.

Presente e futuro nos desafiam. Não podemos olhar para frente, com os olhos do passado.

Meu único interesse, e que encaro como questão de honra, é entregar ao meu sucessor um país reconciliado, pacificado e em ritmo de crescimento. Um país que dê orgulho aos seus cidadãos.

Reitero, portanto, meu compromisso de dialogar democraticamente com todos os setores da sociedade brasileira. Respeitarei a independência entre Executivo, Legislativo e o Judiciário.

Despeço-me lembrando que "Ordem e Progresso" sempre caminham juntos. E com a certeza de que juntos, vamos fazer um Brasil muito melhor. Podem acreditar: quando o Brasil quer, o Brasil muda.

Obrigado, boa noite a todos, e que Deus nos abençoe nessa nossa caminhada.

As esperanças de um novo Brasil foram renovadas. Apesar da dúvida que pairava sobre Temer ser ou não confiável e honesto, até porque era vice de Dilma desde o 1º mandato, podíamos acreditar em dias melhores.

Janaina saíra do *impeachment* entrando para a história do país, como uma mulher de fibra, justa, correta e extremamente inteligente, que com habilidade soube tocar o *impeachment* por um ano a fio, sem dobrar sua espinha, sem ceder às pressões, sem se descontrolar. Um ser humano comum que tivesse tido o tratamento que ela teve, não teria conseguido. Só alguém muito especial e preparada intelectualmente poderia fazer o que ela fez.

Por isso meu sonho de ver a Dra. Janaina ocupar um lugar de destaque em nossa política, ser professora é extremamente digno, mas é pouco para sua capacidade e luz. Espero de verdade que até a impressão deste livro ela tenha tomado a decisão de nos brindar com uma candidatura a qualquer cargo, desde que continue cuidando do nosso Brasil com tanta honestidade e caráter.

PARTE VI
—
A ERA DO
PÓS-IMPEACHMENT

APRESENTAÇÃO À PARTE IV
MACROECONOMIA E MICROECONOMIA NO PÓS-*IMPEACHMENT*

Luiz Calado

Carla Zambelli na presente obra nos trouxe sua valiosa vivência dos momentos que culminaram com a interrupção de mandato do governo do Partido dos Trabalhadores (PT). Sendo ela própria uma personagem fundamental para o desfecho daqueles acontecimentos.

Na época, algumas preocupações do ponto de vista econômico rondavam os principais formadores de opinião. Em particular sobre a falta de crescimento da economia e a dinâmica da dívida pública brasileira. A última, por sua vez, relacionada, dentre outros fatores, com os altos gastos da previdência pública.

Para aqueles que acreditam em divisão entre os três poderes, não é possível estabelecer uma relação direta entre a mudança do governo Temer e o número sem precedentes de políticos e empresários encarcerados por corrupção, nestes últimos dois anos. Contudo, pode se dedicar a decisões deste governo antifraudes auxiliaram as contas públicas, como no caso do cancelamento de 9,6 bilhões de reais com auxílio doença e aposentadorias por invalidez, que eram desviados por mais de 220 mil brasileiros. Os números são estarrecedores e representam resultado de quase meio milhão de perícias realizadas em 2018, quando o nível de cancelamento de benefícios alcançou 80% dessa amostra. Uma ação executiva que, além de resolver as falcatruas existentes, ainda auxiliou com alguns bilhões a diminuir o desequilíbrio das contas públicas.

Ainda que ações administrativas positivas tenham sido tomadas, a burocracia e o alto número de ministros continuam iguais. E as mais urgentes reformas não foram aprovadas e não existe nenhuma expectativa para aprová-las antes do próximo governo. Assim, seguiremos sofrendo com um sistema tributário altamente ineficiente, que onera as nossas empresas e traz instabilidades até mesmo para o empresário que tenta descobrir como e quais impostos são necessários pagar. O Brasil continua com a vexaminosa 125ª posição no *Ranking Doing Business* do Banco Mundial em 2018, que mede a dificuldade para fazer negócios.

Neste aspecto, ao menos duas vitórias a serem comemoradas: de um lado, a reforma trabalhista, que apesar de melhorar a incerteza regulatória para o empresariado, ainda não se traduziu em aumento do emprego, como veremos mais a seguir. De outro lado, a emenda constitucional nº 95, de 15 de dezembro de 2016, que fixa teto para os gastos federais e vigorará pelo menos até 2026. O teto limita os gastos ao valor observado no exercício anterior corrigido pelo Índice Nacional de Preços ao Consumidor Amplo (IPCA).

Do ponto de vista econômico, apresento conclusões baseadas em dados desde o último trimestre de 2016 até o primeiro trimestre de 2018. A premissa é que neste período o mundo político e empresarial tomou plena consciência da nova realidade do governo.

O principal aspecto econômico costuma ser o PIB, que estava numa trajetória de queda antes do *impeachment*: afinal observamos a maior recessão registrada no Brasil desde 1901. No novo período, a economia cresceu pouco, 0,6% (medida pela variação entre o Produto Interno Bruto real acumulado em 12 meses findos no primeiro trimestre de 2018 contra os 12 meses findos em 30 de setembro de 2016). Esta pequena recuperação foi levada pelo consumo das famílias, que cresceu 0,8%, mas foi contida pelos investimentos, com queda de 2,5%. Na divisão setorial, quando se analisa o PIB pela ótica da oferta, o grande destaque foi a agricultura, com a magnitude seja digna de nota: 11,7% de crescimento, frente a variações de serviços e indústria que grosso modo, indicam estabilidade.

Não obstante os dados de crescimento pouco animadores no primeiro ano do Brasil pós-*impeachment*, a comparação com o biênio anterior, em que a economia retrocedeu 7,2%, ressalta uma correção de rumo na condução da política econômica em curso no Brasil. Isso pode ser visto pela política monetária contracíclica empregada pelo presidente do Banco Central, Ilan Goldfajn, que já a partir de outubro de 2016 começou a baixar os juros básicos da economia: a meta da taxa Selic. Muito embora tal movimento já à época condizia com as expectativas de inflação que apontavam queda, a competência de Ilan na empreitada permitiu que hoje, passados quase dois anos, os juros permaneçam há 4 meses no patamar mais baixo desde a existência da taxa Selic.

De fato, olhando a inflação, quando medida pelo IPCA acumulado em 12 meses, a mesma caiu de um pico de 10,7% em janeiro de 2016 para 9% à época do *impeachment*, e a partir daí, começou a ceder rapidamente até uma mínima histórica de 2,5% um ano depois (agosto de 2017), o que permitiu que a inflação de mais longo prazo convergisse para a meta perseguida pelo Bacen, o que permite alinhamento de expectativas da sociedade como um todo a respeito do aumento dos preços.

Essa correção de rumo, produziu efeitos em indicadores financeiros de relevância internacional, como o risco Brasil. Medido pelo CDS (*Credit Default Swap*) de 5 anos, havia começado 2016 acima de 500 pontos, reflexo do processo de *impeachment*, cuja tramitação já corria desde dezembro do ano anterior, e cedeu para cerca da metade no momento do *impeachment*. Seguiu caindo até o primeiro trimestre de 2018, quando atingiu 146 pontos, perto do nível registrado anos dourados de 2010 a 2012, quando o país gozava do grau de investimento (*investment grade*).

O valor de mercado das empresas brasileiras, medido pela B3, também refletiu a melhora das expectativas dos agentes econômicos: registrou alta de 50% do *impeachment* até o início de 2018. Contudo, a partir do primeiro trimestre deste ano, as coisas ficaram difíceis para o Brasil: no *front* local houve a greve dos caminhoneiros e aumento das incertezas no cenário eleitoral. No internacional, o crescimento sincronizado das maiores economias globais, embora contínuo, perdeu certo fôlego, e a guerra comercial protagonizada por Estados Unidos, Europa e China, vem atraindo as atenções do noticiário e preocupando investidores e empresários da economia real, afetados de duas formas: na alta de seus custos quando importam insumos para produzir, bem como nas maiores barreiras tarifárias quando exportam seus bens. Estes fatores foram decisivos na depreciação recente do real, em que pese o seu desempenho positivo no período anterior: afinal o dólar havia se aproximado de R$ 4,15 durante o processo de *impeachment*, cedeu e ficou em entre R$ 3,05 e R$ 3,35 na maior parte de 2017 e começo de 2018, patamar considerado mais saudável para a economia.

Resta saber o quanto a condução da política macroeconômica, expressa na política monetária mas também pelos esforços em se atingir reformas importantes para nossa economia, além de várias iniciativas pontuais e coordenadas, em ano conturbado para a atividade no Brasil, serão capazes de reduzir a taxa de desemprego, principal reflexo das mazelas no *front* econômico enfrentadas por nosso país e população. Variável econômica tipicamente mais defasada, a medida pela PNAD atingiu seu topo de 13,7% apenas em março de 2017, e tem lentamente cedido para os atuais 12,7% nos três meses findos em maio de 2018. A persistência dessa tendência de queda depende de inúmeros fatores, não só no *front* econômico. Quando a economia reaquece após tão severa recessão, a população desempregada volta a buscar trabalho, reaparecendo nas estatísticas.

Em resumo, foi muito importante a luta iniciada pela Carla Zambelli pelo *impeachment* e que ela possa continuar este trabalho em prol do Brasil. O resultado da observação dos dados recentes permite concluir que o principal efeito deste *impeachment* foi o equilíbrio da política macroeconômica, com uma taxa de juros básicos bem mais baixa e uma inflação controlada. O estabelecimento de teto de gastos e a reforma trabalhista endereçaram problemas complexos e que seguem sem solução. Contudo, a falta de um encaminhamento para a questão da previdência pública é um fator de grande preocupação. Para o futuro governo, é necessária uma liderança forte. Mesmo com evidências robustas de que parte significativa do governo atual está envolvido em casos de corrupção, não há como negar certa capacidade em implementar reformas e corrigir ações da gestão anterior.

CAPÍTULO 26

AS PRIMEIRAS IMPRESSÕES SEM DILMA EM BRASÍLIA

Ainda no dia 31 de agosto de 2016 foi divulgado que 4.564 itens pertencentes ao patrimônio da União estavam desaparecidos. O Tribunal de Contas da União (TCU) questionou esse sumiço e exigiu explicações. Walton Alencar Rodrigues, ministro do TCU que abordou o tema afirmou: "É como se, a cada dia, no período de 2010 a 2016, incluídos sábados, domingos e feriados, mais de dois itens do patrimônio nacional desaparecessem de dentro da Presidência da República, apesar da fiscalização exercida por inúmeros agentes de segurança". Um absurdo.

Também foram questionados 1.073 presentes recebidos pela Presidência da República entre os mandatos de Lula e Dilma. O relatório, como informa matéria da EBC Agência Brasil, afirma que, dos presentes recebidos, 361 "foram classificados como pessoais ou consumíveis, como, por exemplo, medalhas, bebidas ou alimentos. Quinze itens considerados de natureza pública foram incorporados ao patrimônio da Presidência da República".

A determinação do órgão foi de que fosse identificado onde estavam 568 itens recebidos no governo Lula e que retornassem ao acervo público outros 144 itens recebidos pela ex-presidente Dilma Rousseff. Além disso, ficou decidido que os acervos presidenciais que estivessem com qualquer pessoa não pudessem ser vendidos ou doados.

Uma semana depois, o TCU determinou que os petistas devolvessem o que furtaram do acervo.

Alguns dias depois de Lula ser denunciado pela Operação Lava Jato, eu estava em Brasília e, pela manhã, tentei um contato com o presidente Michel Temer para que fôssemos recebidos por ele, em conjunto com todos os movimentos.

Cheguei a apertar sua mão, que parecia sem carne alguma, somente pele e osso, e tive medo de quebrá-la. Ele me respondeu: "me dê alguns dias". Saindo dali fui até a porta do Supremo Tribunal Federal (STF), onde acontecia a posse da ministra Carmem Lúcia como presidente do Supremo. Era 12 de setembro de 2016.

Lula era convidado de honra, junto com Caetano Veloso, que há poucas semanas dizia que aquele mesmo STF e o presidente da República eram golpistas. O gosto de ver aqueles carros todos entrando como convidados especiais e nós, do lado de fora, no sol, calor, sem uma sombra sequer, não foi bom. Tive raiva de Oscar Niemeyer por não ter posto uma única árvore no local compreendido pelos três Poderes. A intenção era essa mesma: ter um grande espaço aberto para enxergar todas as pessoas que quisessem andar ou protestar por ali.

Enquanto dávamos a volta no cercado duplo colocado para impedir que nos aproximássemos das autoridades presentes, eu me perguntava: onde estavam Sérgio Moro e Janaina Paschoal, que não haviam sido convidados? Como pode num dia o Lula ser o convidado de honra do STF e dois dias depois ser alvo da principal denúncia da Lava Jato por ser o mandante de todo o esquema de corrupção do mensalão e do petrolão?

Saindo do Supremo Tribunal para irmos até o Congresso e vimos a derrota de Eduardo Cunha, presidente da Câmara dos Deputados, por 450 votos a 10. Míseros 10 parlamentares ainda o apoiavam. Os 53 omissos provavelmente também. O clima lá era estranho, a maioria votava porque era uma obrigação, diante do cenário de limpeza no qual o país vivia. Os servidores comentavam o quanto Cunha havia melhorado aquela Casa, o quanto eles viam os deputados trabalharem como nunca, porque Cunha sabia levar as situações e as pessoas.

Ao final da votação, consegui entrar no Salão Verde. Passei pelos jornalistas e fui transmitir ao vivo para o NasRuas. Eduardo anunciava que escreveria um livro sobre os bastidores do *impeachment*, entregando muitas pessoas. Já se falava que o primeiro seria Moreira Franco, sogro atual presidente da Casa, Rodrigo Maia, que ocupa a presidência da Câmara desde 16 de julho de 2016. Infelizmente, até o fechamento deste livro, Cunha ainda não abriu seu coração para a Polícia Federal.

Logo naquela semana, Rodrigo Maia ajudou a enterrar a CPI (Comissão Parlamentar de Inquérito) da Lei Rouanet, que não havia ninguém do PT inscrito, mas, chegando lá, demos de cara com o deputado Orlando Silva (PCdoB) querendo que Vicente Cândido (PT) fosse o relator. Só rindo mesmo.

Peguei então o Orlando dizendo que não registraria presença enquanto o presidente da CPI Alberto Fraga (DEM) não negociasse a relatoria. Havia 14 presentes e eram necessários 15 deputados, ou seja, a presença do comunista, naquele momento, era decisiva para a instalação da Comissão. Eu disse para ele: "como não vai registrar presença? Estou lhe vendo aqui e vou filmar você!". Ao que ele responde: "você está me vendo? Mas eu não estou aqui".

Foi ridículo o papel deles ao tentar emplacar um relator do PT para investigar os escândalos do Ministério da Cultura, que não sabia dizer aonde foram parar mais de 3,8 bilhões de reais em projetos "culturais". Chamaram a Ordem do Dia no Plenário e não foi possível votar os cargos da CPI, mas conseguimos enterrar a vontade da esquerda.

Estes últimos parágrafos resumem bastante o que foi a era pós-*impeachment*, uma tentativa cíclica de implementar uma visão de golpe, quando na verdade, institucionalmente os principais partidos que deveriam fazer oposição ao PT, só lutaram contra a saída da Dilma, por baixo dos panos: PMDB, PSDB e Dem se maquinavam para que o PT sangrasse até 2018 e foi na verdade, o povo nas ruas, a pressão aos deputados que fez com que o *impeachment* saísse de fato, além de alguns deputados destas siglas que não concordaram em seguir a velha música de seus partidos decadentes.

CAPÍTULO 27

A LUTA CONTRA O FORO DE SP

Antes do fim do ano de 2016 organizamos o Foro Internacional por La Democracia, evento muito importante o qual contamos com o apoio de Maria Anelin Suarez e David Sejas, os quais trouxemos um ônibus da Bolívia, a assessora da deputada venezuelana Maria Corina, a querida Maria Tereza Belandria e, também, Zoe Martinez, uma cubana que já vive no Brasil há alguns anos, todos para contarem suas experiências. O evento durou dois dias, contou também com a presença de Janaina Paschoal, falando sobre a importância da liberdade e do dinheiro desviado para ditaduras comunistas fora do Brasil, além de outros temas.

Neste dia inauguramos oficialmente o NasRuas Bolívia, liderado hoje pela guerreira Anelin, que vem lutando bravamente contra o comunismo não só na Bolívia, mas por toda Latinoamérica. É um prazer tê-la entre nós, com seu marido que é exilado no Brasil, por ser perseguido político de Evo Morales.

Os índios da Bolívia mostravam o quanto eram açoitados por Evo Morales, denunciamos a verba utilizada do BNDES para construir o aeroporto de Chimore, em Chapare, no meio da rota da cocaína, ligando nada a lugar algum, apenas para servir a distribuição de drogas na América Latina. Foi dito textualmente que Evo Morales é chefe não só de Estado, mas do tráfico de drogas e de armas naquele país. Pela foto do aeroporto, se vê que a localização do aeroporto é inócua para um investimento tão alto.

Lula, em 2008, fez questão de substituir os Estados Unidos no acordo para a construção deste aeroporto, e a *Folha de S. Paulo* noticiou o assunto:

> *Durante visita a região do Chapare,* Lula usa colar de folhas de coca *e discursa em* apoio à reeleição *do colega Evo Morales. O entendimento fechado entre os líderes implica na compra de artigos têxteis bolivianos a tarifa zero no valor de 21 milhões de dólares.* – Reportagem de Fabiano Maisonnave – enviado especial.

Alguém aqui acredita que compramos à época algum artigo têxtil? No fim das contas, isso custou aos cofres brasileiros a quantia de US$ 36,000,000.00 (sim, trinta e seis milhões de dólares).

Maria Tereza falou dos milhares de bebês e idosos que estão morrendo na Venezuela, cada vez que há um apagão e as UTIs perdem energia, as pessoas simplesmente morrem. A população perdeu sete a oito quilos em média no ano de 2016, já não fazem mais três refeições por dia, mas apenas duas, quando o fazem. Ela que recebia um salário de mais de 2 mil dólares há menos de uma década, vive nos tempos atuais com 10% disso e disse que é um ótimo salário. Contou de toda a situação e arrancou lágrimas da plateia, eu não consegui falar por mais de cinco minutos depois que ela terminara de contar a situação, subi ao púlpito após sua fala e cobrei Michel Temer para que fizesse algo por nosso país vizinho.

No evento também falamos sobre Cuba com o professor Olavo de Carvalho. Absolutamente nenhuma imprensa cobriu o evento, mesmo sendo realizado dentro do Congresso, mesmo eu tendo contratado uma assessoria de imprensa especificamente para isso. Somente a revista Época deu uma nota *antes* do evento, dizendo:

> O movimento NasRuas promoverá na próxima semana em Brasília o "Foro Internacional por la Democracia", que pretende ser um antagonista do Foro de São Paulo, congregação de partidos de esquerda da América Latina e Caribe. O apelido da conferência é "Foro de Brasília". Entre os convidados estão o filósofo Olavo de Carvalho, a advogada Janaina Paschoal, o deputado federal Eduardo Bolsonaro (PSC-SP), além de parlamentares da oposição na Bolívia.

A única TV a noticiar o Foro foi a *Band*, porque um de seus jornalistas, Sandro Barboza, esteve no evento para contar quando conheceu as Tumbas na Venezuela, prisões a vários metros abaixo do solo para que os presos percam a noção do dia e da noite, sintam frio sem cessar e enlouqueçam.

Tão logo terminou o Foro, tentamos de toda forma uma entrevista coletiva de Maria Tereza com nossos meios de comunicação, mas para isso, precisávamos de um deputado federal. Ali no salão verde, basta um deputado federal se acercar à região da imprensa, que todos os meios se aproximam para se inteirarem do assunto. Bastava que um tivesse a coragem de fazer isso e chamar Temer ao dever de olhar pelos países vizinhos, pediríamos também uma investigação sobre os crimes cometidos pelo PT nos governos anteriores, em que se enviava dinheiro para fora do país, através do BNDES. Porque nós, brasileiros, temos que pagar a conta?

A guerra contra o Foro de São Paulo será árdua, ela é a base de todo o processo contra os partidos e organizações criminosas que tentam pôr um fim na nossa base familiar, de filosofia grega e cultura judaico-cristã. E aquele foi o primeiro grande encontro no Brasil em combate a tudo aquilo. Derrubar a Dilma foi o primeiro passo, agora teremos que derrubar todo o sistema de crime organizado que toma conta do país. Os próximos passos então seriam: Expor todos os políticos e partidos em acordo com as organizações criminosas, ocupar os espaços que nos poderes com pessoas capazes de abrir mão do poder por um bem maior, que é a redução do próprio Estado, além de investir na educação imparcial de nossas crianças e reformar todo o sistema de ensino e penal.

CAPÍTULO 28
A GUERRA CONTRA OS INIMIGOS DO BRASIL CONTINUA

Teria seu valor, dedicar um capítulo inteiro só para falar das mazelas de Renan Calheiros, porque realmente acredito que ele seja um dos piores bandidos do país ou do mundo, mas não quero cansá-los, então me aterei só ao que já fizemos para combatê-lo.

No dia em que apertei a mão dele durante o julgamento do *impeachment* no Senado, meu corpo inteiro sentiu a energia pesada que vinha dele, ele sabia que eu era a autora dos bonecos, seu sorriso enfraqueceu levemente, mas ele sabe disfarçar, é um mentiroso nato e perigoso, porque seus interesses se resumem a ele próprio.

Queríamos a queda de Renan. O STF julgaria o caso dele alguns dias depois, então fizemos uma série de aparições do boneco Canalheiros. Nos meses de julho e outubro, em São Paulo e até na porta da casa dele em Alagoas e isso tudo só prova que nossa guerra nunca foi contra o PT, contra a Dilma ou o Lula, mas contra um sistema de corrupção generalizado.

Renan queria votar diversos projetos polêmicos, como a legalização dos jogos de azar, crimes de abuso de autoridade, reajuste de impostos incidentes sobre doações e heranças que, segundo o senador Fernando Bezerra (PSB-PE), é "uma alternativa à tributação de grandes fortunas" para aumento de arrecadação. A pauta também anunciava um projeto para atualizar a lei de licitações e que já havíamos sido avisados pelo Ministério Público de Contas que era mais uma manobra para gerar brechas para mais desvios públicos.

A lei de abuso de autoridade que Renan Calheiros encabeçava, ajudou a anunciar um novo traidor no STF: Gilmar Mendes, o ministro que até poucos meses antes era tido como alguém reto, passava a ser odiado nas redes sociais e enquanto escrevo este livro, sua atuação em soltar criminosos que foram presos na primeira instância, fica cada vez mais clara e frequente. O boneco de Renan Calheiros tem em seu peito a escrita: Meu Partido Sou Eu. Porque Renan nunca escolheu um lado, suas posições sempre advêm do ganha-ganha, não importa qual seja a posição que precise tomar.

Em suas mãos, a Constituição rasgada ao meio, parecia já prever o que ele faria no *impeachment*, 30 dias depois, quando da sua participação no julgamento do *impeachment* de Dilma Rousseff, pois sabe-se que ele foi o grande articulador para que separassem a pena da ex-presidente em duas: perda do mandato e dos direitos políticos.

23 de outubro de 2016 em São Paulo, em frente ao MASP

Neste dia perto do MASP, o querido Alexandre Guimarães, como sempre, fazia minha segurança, policial e fundador do Portal das Armas, Alê me acompanhava nas manifestações, pois as ameaças sempre foram constantes e, na minha visão, leves até então. Um movimento feminista passou por ali, a polícia fez a divisão, pois sem motivo algum, Lula é adorado pelas feministas, mesmo tendo chamado as mulheres do PT de "grelo duro". Me desculpem o palavreado, mas tenho que reproduzir as palavras do ex-presidente.

Eu fui filmar e mostrar a manifestação, para criarmos provas de que este tipo de movimento tem bandido de estimação, Alê foi me acompanhando, quando foi abordado por um senhor, lhe perguntando porque estava me seguindo, houve ali um desconforto momentâneo, até Alexandre explicar que era policial e fazia minha segurança voluntária em suas folgas. Até que o sargento Damasceno se apresentou, ele também fazia minha segurança, porém sem eu saber. Ficava só observando de longe se eu corria algum risco e achou que aquele rapaz me seguindo podia ser um risco.

É de situações e pessoas como estas que vem a minha energia em seguir adiante, naquele dia tudo tinha acontecido de difícil, carregar os bonecos, o sol, a falta de apoio de outros movimentos em divulgar aquela manifestação. De todos os movimentos, o único que sempre apoiou as manifestações em sua página, ajudando na divulgação é o Avança Brasil, do amigo Nilton Caccáos. Sempre firmes, enérgicos e leais quando davam a palavra, fica aqui minha eterna gratidão ao movimento para quem já tive a alegria de palestrar em Caxias do Sul, com um grupo de pessoas muito especiais que conheci.

Damasceno passou a ser um amigo querido, juntamente com sua esposa Sônia e seus filhos, a quem admiro e devo muito. Tanto que no dia 20 de novembro de 2016 fizemos outra manifestação e lá estavam os dois, agora juntos, para cuidar de todos nós.

Como vocês poderão notar na foto abaixo, o levantamos o boneco Canalheiros também em frente ao STF e nesta ocasião, foi permitido, diferente das outras diversas vezes que tentamos erguer os bonecos dos ministros desta mesma Casa. No dia que tentamos erguer o Gil-lax, quase fui presa e mesmo entrando com um mandado de segurança, não nos deixaram erguê-lo, dias depois.

Boneco Canalheiros, erguido em frente ao STF, dia 3 de novembro de 2016

Alvo de 11 inquéritos no STF, ele sempre se dizia "tranquilo", obviamente porque sempre teve os ministros do STF em suas mãos, com as escutas que utilizava para gravar a todos que pudessem se tornar seus inimigos.

Manifestação no dia 20 de novembro de 2016 em frente à casa de Renan Calheiros, em Maceió, AL, com a participação e apoio do Movimento Brasil, criador do Pixuleco.

A GUERRA CONTRA OS INIMIGOS DO BRASIL CONTINUA | 253

Neste dia, 20 de novembro, houve atos pelo Brasil inteiro, em favor da Lava Jato e das 10 medidas, pois enquanto isso, a articulação no Congresso era colocar nas 10 medidas a anistia ao caixa 2. Algo que fora construído para acabar com a impunidade sobre a corrupção, estava sendo desvirtuado e seria votado no dia 30 de novembro, alguns dias depois. O objetivo de tudo era destruir a Lava Jato e ainda é, já tentaram de tudo. E cada vez que a operação aborda novos partidos e agentes deles, mais os corruptos se unem para aprovar medidas que aumentem a impunidade, como aconteceu na Itália, na Operação Mãos Limpas.

Renan Calheiros, se preso, será um dos maiores reveladores das más ações de todos. Ele não ficará preso, fará uma delação que levará centenas à cadeia. Para isso, é preciso que ele perca o foro privilegiado, é preciso que o Estado de Alagoas se levante contra ele e eu estarei lá para assistir sua queda.

No dia da votação das 10 medidas, um grupo de amigos falamos com o presidente da Câmara. Mais uma vez, falaríamos com a instituição presidência da Câmara e ali fizemos duas reivindicações: que não fosse pautada a anistia ao caixa 2 e que a votação fosse sempre nominal. Explico: algumas pautas são votadas pela legenda, ou seja, partido por partido ou por bloco de partidos. E nestes casos, os deputados se eximem de votar e acabamos por não saber exatamente como pensa cada representante nosso. Rodrigo Maia respondeu que sim e atendeu a nossa solicitação, mas que ele nada mais fazia do que colocar em votação e que era cada um dos deputados que decidia o seu voto.

Durante a votação foram apresentadas emendas que transformaram as 10 medidas contra corrupção em manobras para derrotar juízes como Sérgio Moro, que agem de forma enérgica contra o mal. A filha de Garotinho, recém preso e que tinha feito um escândalo e passara mal, ocasião em que muitos disseram que foi um fingimento, defendeu a tese de "abuso de autoridade", para que nenhum parlamentar passasse o que o pai dela tinha passado.

Nestas horas, não adianta você ser representante de milhares de pessoas, se você não pode subir na tribuna para falar. Os bastidores da política, nestas horas é palco do maior sentimento de frustração. Essa é a palavra que nos definia naquela madrugada: estávamos frustrados.

A equipe do Ministério Público da Lava Jato disse que renunciaria ao cargo, caso a lei de abuso de autoridade, como estava escrita, fosse aprovada e o povo voltou às ruas dia 4 de dezembro de 2016 em 82 cidades em todos os Estados.

Em Goiânia, podíamos ver em destaque à esquerda a faixa do #Brasil e MPF do NasRuas.

Em São Paulo a manifestação também foi um grande sucesso, passaram pela Paulista mais de 200 mil pessoas, colocamos novamente os bonecos de Renan e Lula, um ao lado do outro e essa mistura foi destaque do Fantástico (*TV Globo*) daquela noite, com uma reportagem de quase 10 minutos dedicada às manifestações.

Caminhão do NasRuas sendo mostrado pela reportagem do *Fantástico* – Janaína Lepri

CAPÍTULO 29
VIRA O ANO JÁ COM NOVAS

O ano de 2017 começou tenso. No dia 19 de janeiro o ministro relator da operação Lava Jato no STF Teori Zavascki morreu após a queda do avião onde ele estava, em Parati, litoral sul do Rio de Janeiro. O fato deixou todos abalados e levantou diversas teorias conspiratórias. Apesar de nossas divergências em relação ao Supremo e especialmente a Zavascki, lamentamos seu falecimento e deixamos nossas condolências à sua família.

Com a cadeira vaga e um sistema podre de indicação de ministros do STF, em que só um brasileiro decide por milhões, em um cargo que vai mexer com toda a história de uma nação. Fizemos então uma carta à presidência da República com indicações de oito nomes para ocupar a vaga. Fiz a entrega representando, além do NasRuas, outros 53 movimentos populares brasileiros.

Excelentíssimo Presidente da República, Dr. Michel Temer,
Nós, representantes dos movimentos signatários, Juristas e Artistas, mobilizados e motivados pelas vozes das ruas, dirigimo-nos à Vossa Excelência, nos termos abaixo, com fundamento na soberania popular que a Constituição

Federal declina como pilar primordial da democracia, reconhecendo a máxima de que todo o poder emana do povo. Assim, apoiados pelas entidades subscritas, bem como pelos renomados juristas que chancelam o presente posicionamento, reconhecemos que: É inequívoco que a Carta Magna confere à Vossa Excelência, a dificílima missão de indicar para uma das cadeiras da Corte Suprema de nossa Nação o nome de ministro em caso de vacância do cargo. Fardo ainda mais pesado se considerarmos o caso concreto, envolvendo o ministro Teori Albino Zavascki, falecido no último dia 19.

Mais ainda, o notável ministro, por sua vez, conduzia com dignidade ímpar os processos oriundos da denominada "Operação Lava Jato", deflagrada pela Polícia Federal, instituição que, ao lado de outras, despertou em nossos irmãos nacionais a esperança de um Brasil, se não livre, ao menos, não inviabilizado pelo câncer da corrupção e a chaga da impunidade.

Entretanto, mesmo não desconhecendo o que estabelece formalmente o parágrafo único do artigo 101 da Carta Política, entendemos que o momento urge maior participação popular nunca vista, visando conferir legitimidade material à indicação de Vossa Excelência para suprir a saída precoce do ministro Teori.

Para tanto, nos dirigimos não somente ao Presidente de nossa República, mas ao professor, ao constitucionalista Michel Temer, que acreditamos terá a sensibilidade e sabedoria necessárias para acolher este apelo popular.

Tanto quanto à República, tal medida visa enaltecer a autoridade e dignidade de Vossa Excelência que denotará uma imparcialidade cristalina, além de atender aos princípios da impessoalidade, haja vista que a nomeação por Vossa Excelência de um novo membro a suceder o já saudoso ministro Teori poderá, sem medo de equivocarmo-nos, elevar o tom das críticas ao mandato de Vossa Excelência.

Desta feita, é a presente para, em nome do poder popular e como forma de conferir histórica democracia na conduta de Vossa Excelência, requerer e recomendar à máxima autoridade do Brasil, que exerça a prerrogativa insculpida no parágrafo único de nossa Constituição Cidadã, indicando um dentre os nomes abaixo eleitos pelos signatários desta epístola, para a importante missão de ocupar a próxima cadeira de nossa Corte Suprema, considerando a urgência que clama o momento de nossa amada República Federativa do Brasil".

Recomendamos os nomes de Fausto De Sanctis (desembargador federal), Hélio Egídio de Matos Nogueira (desembargador), Humberto Bergmann Ávila (advogado com formação em Harvard), Dr. Ives Gandra Martins Filho (então Presidente do Tribunal Superior do Trabalho – nosso predileto), João Batista Gomes Moreira (policial federal e desembargador), Dr. Júlio Marcelo de Oliveira (procurador do TCU), Dr. Roberto Delmanto Júnior (advogado) e Dr. Roberto Livianu (promotor do Estado de São Paulo e presidente do Instituto Não Aceito Corrupção).

Tais pessoas foram selecionadas por todos os movimentos participantes baseado no irrestrito apoio à Lava Jato, no histórico de integridade, no apartidarismo e na qualidade dos currículos. Mas o meu predileto, sem sombra de dúvida era Dr. Ives Gandra Filho, não só pelo amor de filha por um pai, mas pelo tremendo jurista que é.

Fui como representante do NasRuas e de alguns movimentos, já havíamos tentado dialogar com Dilma em 2013, quando, após as manifestações de junho, a própria afirmou que queria conversar com os movimentos sociais. Como vocês viram aqui neste livro, protocolamos um pedido formal de reunião com ela, contudo, não fomos recebidos: a ex-presidente apenas falou com aqueles movimentos partidários, de esquerda, que promovem o terror no Brasil: CUT, MST, MTST, UNE.

Diferentemente dela, Temer nos recebeu. E aqui deixo uma ressalva. Quando buscamos discutir com algum político, não vamos para conversar com a pessoa física: não é com Michel Temer, nem seria com Dilma Rousseff, mas sim com a instituição Presidente da República.

Fomos muito criticados por esta foto abaixo. Até hoje rolam *memes* desta foto, principalmente por nela estarem o assessor Rocha Loures, que recebeu uma mala com 500 mil reais e foi pego em 3 de junho, ou seja, quatro meses depois deste encontro, e por estar presente Moreira Franco. Oras, a assessoria de imprensa do Planalto queria mostrar que o Presidente era democrático, ele havia sido criticado por receber a Força Sindical e agora recebia "o outro lado".

Foto: *Site* do Planalto

Me lembro bem que quando me sentaram em uma poltrona ao lado de Temer, vi a Joice Hasselmann do outro lado dele, pensei: estamos aqui com ideias genuínas, justas, transparentes, patrióticas, mas tenho certeza que haverá pessoas para criticarem. É muito fácil criticar sem estar lá para fazer.

Na primeira foto ao lado de Temer fiquei séria, todos ficamos. E a assessora, muito simpática, disse: "vocês estão tão sérios, sorriam, por favor!" – me digam: como não sorrir? Para quem me conhece, sabe que aquele sorriso ali está amarelo. Mas nas mãos, eu estava com a carta de indicação do Dr. Ives Gandra Martins Filho e aquilo tinha um peso gigante!

Na reunião, uma das reivindicações era não aceitar as ações arruaceiras dos pelegos da CUT e MST. Não é possível aceitar que essa gente faça o que bem quer sem a ação da Lei. Não estão acima da Constituição e devem respeitar as pessoas e a sagrada propriedade privada.

Também conversamos sobre a necessidade das reformas que o governo buscava implantar: a trabalhista, a previdenciária e a tributária. No entanto, reforçamos que era necessário debater mais a respeito, para que fossem elaborados os melhores planos para os brasileiros. Dissemos que gostaríamos de participar das discussões sobre a Lava Jato, o foro privilegiado, a propriedade privada e o fim do Estatuto do Desarmamento. Eis um trecho:

> *Reivindicamos que sejam tomadas medidas severas de proteção e segurança daqueles que verdadeiramente impulsionam o país contra grupos que, a pretexto de exigirem melhorias sociais, se fazem nefastos à sociedade, precisamente aos mais pobres.*

Nossa reunião com Michel Temer foi única e exclusivamente para dar apoio a medidas que entendemos ser favoráveis à população. E isso está provado na carta abaixo, que trago em 1ª mão para vocês, pois nunca ninguém se interessou em publicá-la.

"*UM BRASIL COM ORDEM, PROGRESSO E DIÁLOGO*
Brasília, 03 de fevereiro de 2017.
Exmo. Sr.
DR. MICHEL TEMER,
M.D. PRESIDENTE DA REPÚBLICA
Palácio do Planalto
Brasília – DF

Senhor Presidente,
O Estado Brasileiro atravessa um momento de importantes decisões que terão reflexo no futuro de nossa Nação. As crises econômica, política, social e moral incidem diretamente sobre o povo brasileiro, que de todas as formas arca com essa amarga conta, pagador dos impostos que é. A hora é de reconstruir o país. É com o sentimento de serenidade daqueles que viveram momentos difíceis da história do Brasil e com a responsabilidade dos movimentos democráticos representantes das vozes de milhões de brasileiros que foram às ruas pelas mudanças ocorridas, que nos dirigimos a Vossa Excelência.
Reconhecendo o direito constitucional que o cargo de Chefe do Executivo o outorga, a presente se manifesta como um convite; mais ainda, um

chamado para que o senhor, Presidente, assuma a posição de retomar o diálogo, há muito tempo perdido, com a sociedade produtora de toda a riqueza do Brasil. Temos não apenas o direito, mas o dever constitucional de participar das deliberações sobre o rumo do nosso país. O momento é de mudança no comando do Congresso, na formação do STF, nas leis trabalhistas e de criação de uma agenda para retomar o tão desejado crescimento econômico brasileiro.

O Brasil encerrou meses atrás um longo momento e iniciou um novo ciclo. A população retomou, finalmente, seu protagonismo, ao voltar a participar da construção dos rumos que queremos para o nosso país, em ação que lembra aquela, dos anos 1980, em que os brasileiros decidiram, por bem, retomar o país que era deles, movimento no qual Vossa Excelência, à época, tomou parte. Essa população não vive agora apenas um momento, mas traçou um caminho definitivo, de pura sensibilidade política, tendo assumido a sua condição de cidadãos, na melhor conotação aristotélica.

Portanto, com essa autoridade, mas com todo o respeito às instituições, já restou demonstrado, nas ruas, fato que é, que não caberá a um governo ter legitimidade se não arraigar em suas condutas a mais ampla e irrestrita inclusão da sociedade organizada nas escolhas de governo e de Estado.

Premente se faz, nesse momento, que a população seja convidada a participar das discussões sobre o futuro do Brasil, a exemplo do que se espera nas reformas e temas importantes em andamento no Congresso.

A união do Povo, com as ações acertadas de pessoas de bem, pode reverberar em movimentos que se consagram como verdadeiro patrimônio nacional. É o caso da chamada Operação Lava Jato, que há muito deixou sua condição formal de natureza jurídico-processual, para se tornar uma das maiores instituições desse país.

Já dizia Rui Barbosa: 'a Justiça que tarda, falha'.

E nós, ratificando esse verdadeiro brocardo, acrescentamos: a justiça deve ser célere e transparente, pelo que faremos de tudo a nosso alcance para que nenhuma autoridade faça ouvidos moucos a esse verdadeiro mantra, cobrando a divulgação dos nomes envolvidos, observado o direito de defesa previsto em nossa Carta Magna, da qual Vossa Excelência é pública e reconhecidamente um nobre intérprete, estudado e citado.

Evidentemente, o interesse público será sempre preponderante. Nas investigações, o sigilo é cabível, mas devemos lembrar que este é exceção e não a regra.
O fim do foro por prerrogativa de função, como forma de diminuir a impunidade, (que privilegia a má autoridade e alimenta a corrupção), será defendido incansavelmente pela população, à qual pertencemos.
Acreditamos na modernidade pelas mudanças estruturais que Vossa Excelência – como líder – pretende fazer, especialmente no que diz respeito às necessárias medidas econômicas e reformas na estrutura política, o que trará progresso e prosperidade.
Somos defensores árduos dos Direitos e garantias fundamentais, no que tange o direito sobre a prioridade privada e a legítima defesa. Desta forma, reivindicamos que sejam tomadas medidas severas de proteção e segurança daqueles que verdadeiramente impulsionam o Brasil, contra grupos que, a pretexto de exigirem melhorias sociais, se mostram nefastos à sociedade, precisamente aos mais pobres.
Ações que visem trazer a Ordem, coibir a deterioração, destruição e esbulho do patrimônio privado, tanto no campo como na cidade.
Uma posição contundente do Planalto, com o apoio daqueles que acreditam e trabalham por um país melhor, traçará o caminho irreversível das mudanças que o Brasil precisa.
Trabalhamos e esperamos um Brasil com Ordem e Progresso, feliz escolha de um governo possível, e acreditamos que Vossa Excelência tem a oportunidade única de ouvir a população e fazê-la ouvida em todo o Brasil.
Viva a democracia!

A carta foi escrita a várias mãos: Joice, eu e Sergio Oliveira do NasRuas RJ, com toques de generais e mentores jurídicos.

CAPÍTULO 30

NÃO SAÍMOS DAS RUAS

O segundo mês de 2017 foi de bastante correria e agito. Os movimentos populares que se organizaram em prol do *impeachment* se juntaram para fazer a primeira manifestação do ano, no dia 26 de março. Já esperávamos por um público menor em relação às outras manifestações. Como a lista de tópicos era maior e mais complexa, foi mais difícil fazer a convocação, já que alguns pontos ainda eram vistos com ressalvas por muita gente. Contudo, acredito que, mais uma vez, conseguimos dar o recado. Novamente a Av. Paulista recebeu milhares de brasileiros, assim como ruas de todo o país, nas mais diversas capitais e cidades do interior.

E, mesmo com menos pessoas participando, a pressão foi sentida, pois, daquela vez, mais do que números, queríamos mostrar que a mídia e a esquerda já não eram mais donas dos grandes debates, monopolizando-os segundo suas vontades. O Congresso viu que queríamos mais do que um *impeachment*. Queríamos, e ainda queremos, uma reforma geral no modelo político, econômico e social hoje instalado no Brasil.

O NasRuas, mais uma vez, esteve presente nas manifestações.
Foto: *site G1*

Nos meses que se seguiram, fui homenageada pela Câmara de vereadores de São Paulo com um título do dia da mulher e pelo Movimento Patriotas, com a 2ª Medalha Patriótica, a mesma que recebi em 2015.

No início de maio o ex-ministro petista do governo Lula, José Dirceu, que estava preso no Paraná desde agosto de 2015, foi solto, por ordem da 2ª turma do STF. Estávamos na frente do STF, protestando, quando soubemos que o condenado pelo juiz Sérgio Moro a ficar mais de 30 anos preso, chegaria a um prédio de Brasília, onde morava sua namorada. Fomos até lá, subimos o boneco do ministro Ricardo Lewandowski, um dos responsáveis pela soltura de José Dirceu. Sob protestos o ministro do STF foi recebido por muitas pessoas que se reuniram no local, fazendo com que ele tivesse dificuldade para subir até o apartamento.

Lewandowski não teve coragem de enfrentar os manifestantes. Aos gritos de "criminoso", "bandido", "vagabundo", um grupo invadiu a garagem quando o carro passou e a PM precisou intervir para que o condenado não saísse machucado. Pois é... a polícia fazendo a segurança de um criminoso que vive dizendo que a Polícia no Brasil é fascista.

Estávamos em maio e o Supremo Tribunal Federal continuava sem condenar ou julgar ninguém na Lava Jato, como a deputada Gleisi Hoffmann, que era ré desde 27 de setembro de 2016 e nada acontecia. Nenhum bem penhorado, valor algum bloqueado, nenhum parlamentar preso. E a mesma corte continuava a soltar bandidos presos pelo juiz Sérgio Moro. O empresário Eike Batista havia sido solto por Gilmar Mendes dia 28 de abril em decisão monocrática e José Dirceu logo depois, por decisão da 2ª turma, o qual também fazia parte, o ministro Gilmar Mendes, que ganhou seu boneco por estes motivos: o Gil-lax.

Seu boneco foi estreado dia 4 de maio, quando tomei a primeira voz de prisão por teimar em erguer o boneco. A prisão não se efetivou, porque um policial desligou o gerador e o boneco "caiu". No dia 30 de maio, porém, subimos os bonecos Gil-lax e Enganô em frente à PGR, para questionar mais uma vez porque a justiça era tão diferente para quem tinha foro por prerrogativa de função, o dito foro privilegiado.

CAPÍTULO 31
MORO E LULA CARA A CARA

No dia 10 de maio, Lula e o juiz Sérgio Moro se encontraram pela primeira vez, para o ex-presidente prestar seus esclarecimentos sobre o caso do Triplex. Alguns dias antes fui contatada por uma pessoa do Ministério Público que me pediu para não aderirmos às manifestações lá em Curitiba. Foram taxativos: Moro precisava ter a tranquilidade de interrogar Lula e saber que não estava acontecendo uma guerra do lado de fora.

Comecei a desmobilizar o pessoal, dei uma entrevista à *CBN*, contando também que eu já estava sendo ameaçada há alguns dias, além dos vídeos públicos de ameaças que circularam pelas redes sociais, mas não acrescentei o pedido da equipe de Moro para nós, por este motivo, as lideranças que não haviam sofrido ameaças, continuaram achando que deviam ir e me criticavam por "dar para trás".

Juntei alguns áudios em que me xingavam, *prints* de líderes afirmando que ainda assim iriam a Curitiba e mandei para meu contato, dizendo que só uma declaração do próprio Moro faria com que as pessoas acreditassem que ele não precisava, *naquele momento*, de um apoio presente em forma de manifestação.

Alguns minutos depois ele me retornou, com o *link* do vídeo de Sérgio Moro, que viralizou em poucas horas. Tenho orgulho de ter visto naquele vídeo um pouco da paz que eu estava pregando há alguns dias e que estava sendo confundida com covardia.

Naquela mesma época estava sendo discutido no Congresso a nova Reforma Política, que injetaria 1,7 bilhões de reais para um novo Fundo Eleitoral, que repartiria nosso dinheiro para campanhas. Fui expulsa do plenário pelo deputado Rodrigo Maia e acompanhamos tudo da área de jornalistas, durante quase quatro horas. E foi exatamente ali onde me senti, pela primeira vez no ativismo, incapaz de ajudar. O que consegui fazer foi apenas acalmar os que nos assistiam e pedir para que pressionassem os deputados pela *internet* para que o voto impresso permanecesse.

E o resultado não foi positivo, o fundão eleitoral sem teto foi aprovado, mas pelo menos conseguimos conservar o voto impresso, que mais tarde foi tido como "inconstitucional" pelo STF, a pedido da Procuradora Geral, Raquel Dodge, um verdadeiro absurdo.

No dia 7 de novembro de 2017, Raquel Dodge, a procuradora Geral da República, enviou denúncia ao Supremo Tribunal Federal contra a deputada tucana Shéridan Oliveira, acusada de comprar votos para o marido José Anchieta Júnior na eleição de 2010, quando ele tentava se reeleger como governador do Acre.

Naquele mesmo dia estava eu tomando um cafezinho no Plenário e conversando sobre as eleições de 2018 com o Fábio Constantino, grande amigo e coordenador do NasRuas Brasília e o deputado Diego Garcia. Ao nosso lado conversavam os deputados Vicente Cândido (PT); Celso Jacob (PMDB), este que fica, durante a noite, preso na Papuda, pois cumpre prisão em regime semiaberto (dá para aceitar isso?); o ex-ministro de Dilma e José Eduardo Cardozo, com a recém denunciada Shéridan do PSDB.

De repente eu olho para eles e me deparo com a seguinte cena: a parlamentar se vira e abraça Vicente Cândido, fazendo uma cara de cachorro atropelado em procissão, uma tucana pedindo socorro a um petista... Como é lindo ver quando os amigos deixam as diferenças de lado para se ajudarem, não é mesmo?

É muita hipocrisia, mentira e sacanagem. Em frente às câmeras, o PSDB demoniza o PT e vice-versa. Por trás delas, parece que se amam.

CAPÍTULO 32

PRESA POR UM DEPUTADO PETISTA

Eu sei que pode parecer piada o título deste capítulo, mas não é. O parlamentar petista Paulo Pimenta, no dia 30 de novembro de 2017, deu voz de prisão a mim, após uma discussão. Isso mesmo! Ele, que responde na Justiça por crime contra a honra e difamação; lavagem ou ocultação de bens, direitos ou valores, ficou irritado porque eu disse que enquanto eu fazia meu trabalho de ativista pró-Brasil, o seu partido estava roubando.

Pimenta havia participado da CPMI da JBS naquela data e eu estava acompanhando. Naquela reunião, ficou clara a tentativa dos deputados contrários ao juiz Sérgio Moro de denegri-lo. É incrível como fazem de tudo para encontrar pelo em ovo e destruir sua imagem. Ao final, já nos corredores da Câmara, questionei-o o motivo de tal atitude. A resposta foi a padrão… "Mostrar a verdade para o povo".

Que verdade? O que há contra o juiz Sérgio Moro além do medo e da indignação por existir um homem decente e coerente como este juiz? Respondi que o deputado estava era com medo porque, quando perdesse o foro privilegiado, em 2018, nas eleições, iria se encontrar com o magistrado em Curitiba.

DEP. PAULO PIMENTA DO PT DÁ VOZ DE PRISÃO A CARLA ZAMBELLI

#NasRuas

APÓS CARLA QUESTIONÁ-LO SOBRE AS PERGUNTAS FEITAS PELOS DEPUTADOS PARA DENEGRIR O JUIZ SÉRGIO MORO EM CPMI DA JBS

"Vai trabalhar, sua...", disse ele.
"Eu estou trabalhando, diferente de vocês, que estão roubando", retruquei, acusando aqueles que estão ali em Brasília pois foram eleitas pelos brasileiros e, ao invés de trabalharem por nós, estão roubando. Não citei diretamente o nome do Paulo.

Foi aí que ele, ao deparar-se com a realidade nua e crua, ficou estressado. Questionou se eu era da imprensa. "Sou sim, da imprensa popular".
Fui levada à delegacia. Tranquila e feliz. Fiquei lá por cerca de três horas. Por não ter cometido qualquer tipo de crime, fui ouvida e liberada.
O sentimento que tive foi o do dever cumprido. Quando vemos pessoas investigadas como, por exemplo, na Lava Jato, ofenderem alguém de caráter como é Sérgio Moro, nosso sangue sobe e, às vezes, falamos coisas sem pensar.
Deputado Paulo Pimenta, obrigada! O senhor ajudou a unir novamente a direita. Muitos representantes, a mídia alternativa (até mesmo a tradicional), movimentos e políticos manifestaram-se em minha defesa. Quero, publicamente, agradecer a todos.
Continuaremos lutando contra essa organização criminosa que destruiu o Brasil. Ela não é formada apenas pelo PT, mas conta com o PMDB, PSDB e vários outros partidos, que irão cair, seja pela operação Lava Jato, pelo Ministério Público, ou pelas eleições. Seguiremos batalhando para ver essa gente na cadeia. O que aconteceu comigo foi um

combustível a mais para o que temos feito até aqui. Por situações como essa é que temos a certeza de que estamos trilhando o caminho certo, da coerência, honestidade e do amor por esta nação.

Deus está no controle de tudo. Não tenho medo, pois acredito que Ele está no comando. Enquanto estivermos baseados na Justiça e nos preceitos dEle, não há porque temer.

Ainda em novembro aconteceu o Simpósio Nacional de Combate à Corrupção ADPF (Associação de Delegados da Polícia Federal) em São Paulo, evento no qual ajudei a homenagear o Dr. Ives Gandra Martins, pois participei da mesa para saudá-lo, foi um momento muito especial para mim. Basta eu começar a falar em público sobre o Dr. Ives e sinto um nó na garganta, tenho medo de perdê-lo, de não saber o rumo que daremos nos momentos difíceis se ele não estiver conosco, mas Deus há de preservar sua vida por muitos e muitos anos, por puro egocentrismo nosso. (rs)

Também tive o prazer de receber o troféu, ele leva meu nome, mas carrega consigo milhares de pessoas e quero aproveitar para homenagear aqueles que fazem nossa página estes dias todos, enquanto escrevo este livro para vocês. Eles são os responsáveis por eu estar tranquila e poder ter me dedicado à escrita e, além disso, eles são minha força nos bastidores enquanto estou mostrando o rosto.

Há quem diga que é difícil mostrar a cara, dá-la a tapa, mas sem o trabalho deles, seria impossível fazer o que faço e tenho algo que eles, infelizmente, não recebem todos os dias: o carinho e o reconhecimento do público. Então este troféu vai para: Anna Lúcia Araújo, Olívia Villani, Alessandro Gusmão, Flávio Pontes, Manoel Rodrigues, Nilton Martins e Vinícius Gonçalves, da Agência de Publicidade Vini, que tanto me ajudam voluntariamente.

Além disso, não poderia deixar de agradecer à equipe toda da Polícia Federal, em nome da Dra. Tânia Prado, que sempre fez um trabalho lindo tanto institucional quanto como delegada.

Aquele dezembro foi o mês da espera, foi o primeiro Natal que tive alguma paz, desde que comecei o NasRuas, e desta vez sem ameaças, pude curtir minha família e aguardar o julgamento de Lula no TRF4, que acontecera no dia 24 de janeiro de 2018.

Foi uma grande festa. Na Paulista juntamos os movimentos todos e colocamos o Pixuleco entre os dois caminhões para acompanhar cada um dos cinco votos. A unanimidade nos trouxe a certeza de que seria mais fácil Lula ir para a cadeia.

Mesmo os três desembargadores do TRF4 votando pela condenação de Lula e ainda aumentando a pena de 9 para 12 anos, ele recorreu ao STJ, com um *habeas corpus*, que foi derrubado também por unanimidade pelos 5 ministros.

Lula estava cada vez mais enfraquecido perante a opinião pública, perante o judiciário, mas fingia que tinha apoio, fingem até o momento em que termino este livro e seguirão fingindo até você ler estas linhas, seja em qual ano estivermos, porque não importa quantas sejam as provas contra ele e o Partido dos Trabalhadores, o uso da retórica e da publicidade é que dá sentido à continuidade da existência de cada um deles.

Ele organizou uma caravana pelo Sul do país que não foi só um fracasso de público como havia sido a caravana para o nordeste, mas também foi um fiasco, pois por onde quer que ele passasse, era vaiado e tinha que ouvir palavras de ordem contra ele: "Lula na Cadeia", "Lula, ladrão, seu lugar é na prisão" etc...

Os gaúchos deram um *show* de cidadania, colando tratores no caminho dele para não conseguir embarcar, fazendo grandes atos com outdoors ou bonecos imitando o Pixuleco. Lula foi desmoralizado, literalmente. Não houve uma cidade, sequer, que o recebesse bem ou sem protestos.

A situação se arrastou até abril, quando o Supremo Tribunal Federal passou o HC (*habeas corpus*), de Lula na frente de outros 5.000 (cinco mil, isso mesmo). Porque o ex-presidente condenado era mais importante que tanta gente? Ainda mais em um HC preventivo, pois ele ainda não estava na cadeia...

O STF recepcionou o HC por 7 votos a 4, o que nos deixou bastante preocupados. Gilmar Mendes, que até 2016 era favorável à prisão após condenação em segunda instância, mudara de opinião, sem maiores explicações. Em poucos dias nos organizamos e no dia 3 de abril de 2018 éramos mais de 80 cidades a nos manifestar, durante a semana, depois do expediente.

Foi um caos organizar tudo em 2 dias, e depois que fechamos a contratação de Paulo Ricardo, fizemos uma vaquinha que foi capaz de bancar os custos, com bastante esforço, com a ajuda de amigos queridos como

Marco, Ton, Sandro, Felipe, Paulo e muitas outras pessoas que preferem não ser identificadas, pois temem sofrer perseguições, como eu sofri e sofro. Mas faço questão de que saibam que todos estão em meu coração. Nunca é muito justo citar pessoas, porque inevitavelmente vamos esquecer alguém e se esta pessoa soubesse o quanto é importante para nós, não ficaria chateada, em primeiro lugar.

A manifestação foi um sucesso, tivemos a benção de receber a Janaina Paschoal em nosso caminhão, que fez um discurso lindo sobre a importância da justiça se fazer em nosso país, de que não há pessoas mais importantes que outras e, principalmente, que somos motivados pelo amor. Amor aos brasileiros, amor à nossa nação, às nossas crianças, à nossa justiça.

Júlio Casarin, que se juntara há poucas semanas à equipe, já tinha se tornado um amigo querido, pelas ajudas que nos dava sempre, pelo trabalho que já realizava há três anos e pela família querida que amo tanto.

Poucos dias depois, eu já estava em Brasília para me juntar à pauta agropecuarista, contra o Funrural, um imposto que o STF (acredite se quiser) implementou, que pode – ainda – acabar com esta área de negócios do nosso país. Hoje quem carrega o país nas costas são os agropecuaristas, é onde temos nossa balança comercial favorável, é de onde tiramos os recursos que precisamos para sobreviver. E querem aniquilar este setor! Os socialistas são bem engraçados, vamos tirar de quem trabalha para manter, para sempre, quem não quer trabalhar.

Enquanto isso, nós acreditamos que é necessário, sim, dar educação de qualidade aos que não têm trabalho, mas para que tenham a oportunidade de crescer e não para dependerem de um Estado paternalista eleição após eleição.

Para nossa grata surpresa, Rosa Weber votou contra do HC, porque apesar de ter votado contra esta pauta em 2016, acreditava que o STF não pode mudar um entendimento por conta de um réu. Bem diferente de Gilmar Mendes, que fez exatamente o contrário. Assim, por 6 votos a 5, com o voto de Minerva de Carmem Lúcia, Lula estava a um passo da cadeia.

Logo no dia seguinte, o TRF4 autorizava a prisão de Lula para o Juiz Sérgio Moro; sim, era ele quem teria, obrigatoriamente, que solicitar que prendessem o chefe. Eu estava na antessala em que Bolsonaro faria um discurso em seguida e dei a notícia a ele, para que falasse à plateia. Naquele momento, ainda havia outros inquéritos do ex-presidente espalhados pelo país, sendo que em quatro deles, Lula já é réu. Ou seja, vamos somar ainda alguns anos de cadeia pelos outros crimes cometidos.

No mesmo dia, Moro já intimou Lula para se entregar até o dia 6 de abril, às 17h, para a Polícia Federal, mas ele não faria isso sem antes armar um grande *show* circense. Um cineasta famoso já estava contratado por Lula, para continuar filmando o documentário que já foi lançado antes mesmo do meu livro, no qual o PT é tido como um grande partido, que acabou com a fome e melhorou a educação em nosso país, que teve o melhor presidente de todos os tempos e que foi preso injustamente, por uma perseguição política promovida por um juiz fascista.

Eles fizeram um grande teatro, de verdade, com atores contratados para chorarem, se jogarem na frente do carro, derrubarem o portão para que ele não saísse da Central dos Metalúrgicos, aonde passou seus últimos dias livre. Até missa ele contratou, com padre, pastor e com gente rezando o pai-nosso enquanto Lula não movia o lábio. Ele devia pensar que estavam rezando para ele, o rei dos reis, em sua mente doentia.

A prisão que Moro havia decretado era com base na jurisprudência gerada pela Supremo Tribunal Federal sobre a prisão após condenação em segunda instância, mas se Lula demorasse mais para se entregar, aquela prisão poderia ser alterada para preventiva, que ocorre quando se denota algum tipo de possibilidade de obstrução da justiça ou fuga, por exemplo. Não saiu nos noticiários, mas o recado foi dado a Lula: ou ele se entregava e acabava com o circo, ou seria preso preventivamente, como Cunha.

Moro não queria dar a Lula o que ele estava "pedindo": um banho de sangue. O Partido dos Trabalhadores e o cineasta contratado queriam que a Polícia invadisse o local e arrancasse Lula "dos braços do povo", mas – ainda bem – não demos este gostinho ao chefe da quadrilha. Ele precisou enfiar o rabo entre as pernas e ir caminhando até o carro da PF, que o levou ao exame de corpo de delito e depois, de helicóptero, foi até o aeroporto de Congonhas, para seu voo até Curitiba, onde está até o dia em que fechei este livro.

Era um sonho se tornando realidade. Há sete anos eu havia prometido para mim mesma: não pararia enquanto Dilma não caísse e Lula não fosse preso. Cumpri minhas duas promessas aos seguidores do NasRuas. Mas ainda não cumpri o que disse para Gilberto Carvalho: "Não vou descansar nenhum dia sequer enquanto o senhor não estiver na cadeia também, o senhor pode ter certeza disso, todos vocês, cada um de vocês, começando pelo chefe".

Uma fase da promessa eu já cumpri, faltam as demais. Falta Gilberto Carvalho, Gleisi Hoffmann, Renan Calheiros, Jader Barbalho e cada corrupto que houver neste país cairá, um a um, começando pelo chefe, que já está na cadeia, e se de lá sair, para lá voltará.

Mantenha suas promessas, simplifique sua vida, não dobre a espinha (essa eu aprendi com a Joice) e mantenha o amor no seu coração (neste caso, não aprendi com a Janaina, mas como boas cancerianas, temos algumas coisas em comum).

Por fim, para fechar o livro, esperamos que em 2018 consigamos renovar o nosso Congresso e que saibamos eleger alguém *direito*. Pode ser que o cenário mude até outubro ou até este livro ser impresso, porque com o mundo digital e as coisas como estão, tudo pode acontecer.

Precisamos de um Estado menor, uma constituição enxuta, um Federalismo pleno, educação de qualidade e sem interferências políticas, melhores condições para nossos agentes de segurança pública e uma infraestrutura que traga mais qualidade de vida e saúde aos nossos brasileiros, tudo isso gerido com competência e menos corrupção, sem impunidade.

Devemos desburocratizar para fomentar o empreendedorismo e o investimento para nosso país, reformas na administração, no fisco e na previdência. Mas não podemos governar só para os que dirigem o capital, devemos nos lembrar de sermos comunitários, no sentido de promover a educação das pessoas esquecidas pela esquerda e pela direita também, se o povo mais pobre não tiver acesso a uma educação de qualidade, de nada adiantará gerar novos empregos, pois não haverá gente qualificada para ocupar estas vagas.

Que nosso povo continue tendo a força para manter e criar operações como a Lava Jato, valorizar pessoas como o juiz Sérgio Moro e dar a

César o que é de César, em todos os sentidos. Para os maus, o julgamento e para os bons, o mérito.

Para terminar este livro, contei com a ajuda de muita gente para tentar lembrar de todos os fatos, para organizá-los e mesmo assim, não ficou tão completo quanto eu gostaria. À medida que ia se aproximando do final da história, o fato de não saber como terminar a história, qual o corte, se eu lembrei de todos que mereciam (e tenho certeza que não), tudo isso somado foi me angustiando muito.

Meu filho chegou até mim em um destes dias e disse:

– Mãe, este livro está te deixando mal? Porque te vejo só falar em livro, livro, livro, e seu rosto está ficando cansado, indisposto. Tem algo que eu possa fazer por você? – E me trouxe um leite frio com Toddy *Light* com a colher dentro, para eu raspar o fundo, exatamente como eu gosto.

Ele pediu para se deitar ao meu lado, dormir aqui enquanto eu escrevia, mas eu precisava da luz acesa. Então ele colocou uma faixa no olho, se deitou e disse: – "Deixa só eu ficar perto de você, mãe".

Meu João, dormindo enquanto escrevia para você.

Comentei o fato no grupo de moderação, onde estão as pessoas mais sensíveis do NasRuas, pois são eles que respondem aos seguidores, trazem o resultado do trabalho do grupo de criação de *banners* e vídeos, nos dão o *feedback* do trabalho de todos e muitas vezes, consertam quando erramos. Neide Guimarães está sempre disposta, com um tom muito doce, resolve qualquer problema e nos faz reencontrar a fé quando nos escapa e coordena uma equipe maravilhosa que atualmente é formada por Mara, Flávia Marcolino, Bia Casale e Vânia.

Algumas pessoas me chamam de guerreira. Não me considero "a" guerreira, me considero um soldado na frente de batalha, disposta a fazer o que for preciso para garantir um futuro melhor para João e para os seres humanos que não têm como se defender.

Como Janaina falou em seu discurso de 3 de abril de 2018 em nosso caminhão: fazemos isso por amor. E assim continuaremos, nunca por ódio, talvez algumas vezes motivados por revolta, mas sempre movidos pelo AMOR.

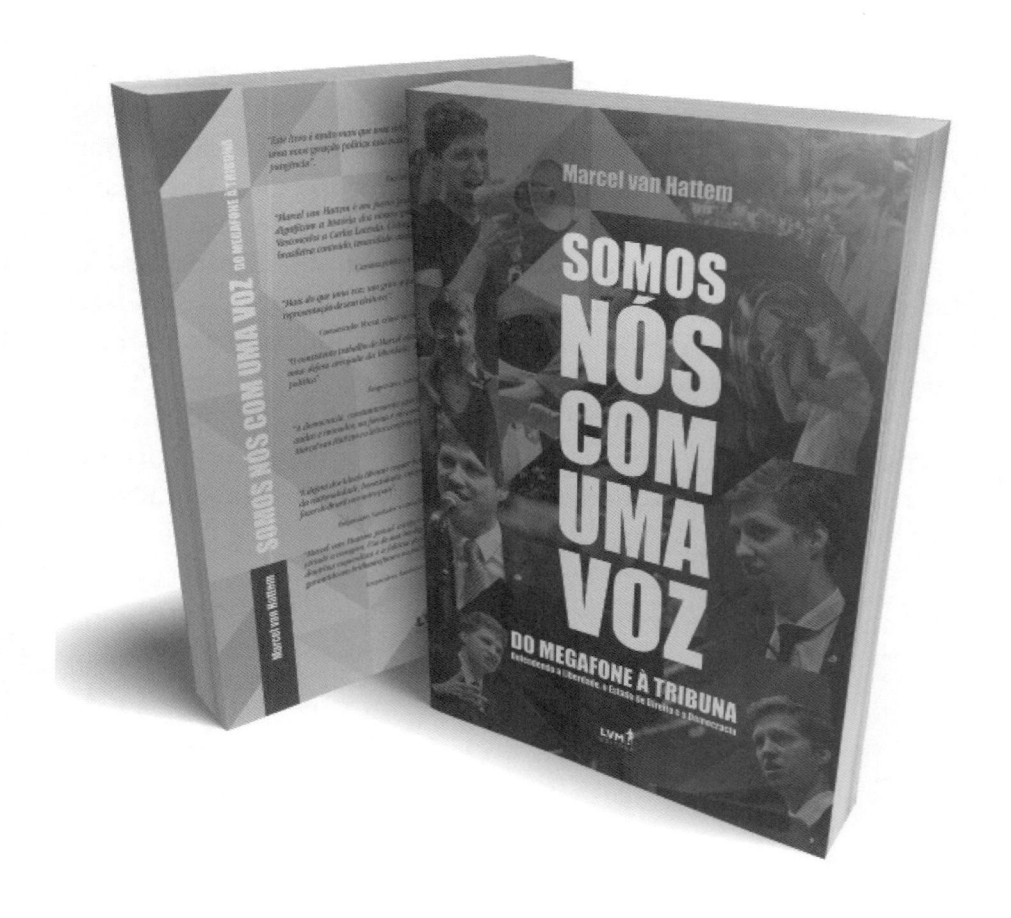

Na atuação como deputado estadual do Rio Grande Sul, entre 2015 e 2018, Marcel van Hattem foi a principal voz na política partidária em defesa de princípios liberais e conservadores, não apenas em seu estado, mas em todo o país. Tanto por causa deste fato quanto devido ao conteúdo doutrinário dos textos aqui coligidos, o livro *Somos Nós Com Uma Voz* não é meramente uma coletânea de discursos parlamentares, mas uma compilação de reflexões proferidas da tribuna gaúcha acerca de temas fundamentais para a vida política, econômica e cultural da nação. A obra é leitura obrigatória para todos que, assim como o autor, não desejam viver em um outro país, mas em um outro Brasil.

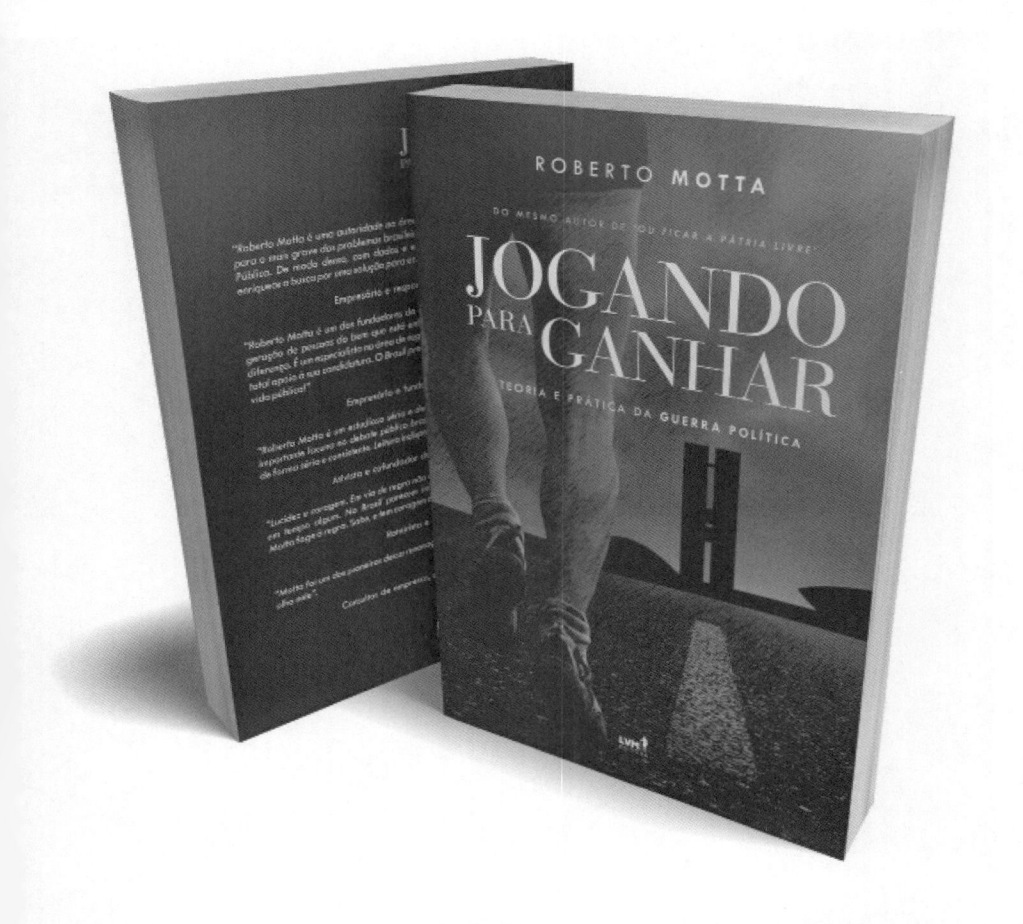

Jogando Para Ganhar é um conjunto de histórias, ideias e reflexões sobre o Brasil, nossa cultura, política e sociedade, bem como sobre o momento que vivemos. Roberto Motta apresenta uma conversa sobre passado e futuro, sobre medo e oportunidades, e sobre as causas dos nossos problemas. O autor usa a própria experiência profissional associada a uma sólida base teórica para discorrer sobre a guerra política a partir uma visão objetiva desta realidade, além de abordar outros importantes temas como a segurança pública, as dimensões culturais das nações, e os atuais desafios dos regimes democráticos, bem como outros temas fundamentais para a política em nosso país.

Entre em contato a autora. Carla Zambelli adoraria
saber o que você achou desse livro.

E-mail: carlazambelli@uol.com.br
YouTube: www.youtube.com/c/carlazambelli
Facebook: Facebook.com/Carla.NasRuas
Twitter: @carlazambelli17
Instagram: @carla.zambelli
WhatsApp: (011) 95157-7233

Esta obra foi composta pela Spress em
Dante (texto) e Clarendon (título)
e impressa pela Evangraf para a LVM em julho de 2018